中学化学教学论文写作指南

刘立雄　邓　峰 / 主编

中国出版集团　现代出版社

图书在版编目(CIP)数据

中学化学教学论文写作指南 / 刘立雄，邓峰主编
. —北京：现代出版社，2020.6
ISBN 978-7-5143-8700-1

Ⅰ. ①中… Ⅱ. ①刘… ②邓… Ⅲ. ①中学化学课—教学研究—论文—写作—指南 Ⅳ. ①G633.82-62

中国版本图书馆CIP数据核字（2020）第110070号

中学化学教学论文写作指南

作　　者　刘立雄　邓　峰
责任编辑　张　璐
出版发行　现代出版社
地　　址　北京市安定门外安华里504号
邮政编码　100011
电　　话　010-64267325　64245264
网　　址　www.1980xd.com
电子邮箱　xiandai@cnpitc.com.cn
印　　制　北京政采印刷服务有限公司
开　　本　710mm × 1000mm　1/16
印　　张　7.5
字　　数　123千
版　　次　2022年6月第1版　　2022年6月第1次印刷
书　　号　ISBN 978-7-5143-8700-1
定　　价　45.00元

编 委 会

目录 CONTENTS

第四章
文本解读型论文的撰写

第五章
理论应用型论文的撰写

第六章
测查调研型论文的撰写

第七章
教育实践型论文的撰写

第一章

问题商榷型论文的撰写

问题商榷型论文是指指出教材或经典参考书中出现的不当之处，并发表见解和讨论的一类论文。此类论文在中学化学教学中尤为常见，且实用性较高。本章将从四个方面介绍该类论文的一般写作模式：首先通过对经典范文的解读，体会此类论文的一般写法。其次根据解读内容，归纳出此类论文的一般模板。再次针对中学化学中常见的一些材料，提出选材建议。最后在文章末尾，提供更多案例让读者进行自行赏析。

一、范文导读

本节内容主要介绍了三种不同选材的问题商榷型论文，分别为对教材表述、习题以及插图问题的探讨。为了方便读者理解，本节按照文章行文顺序将文章进一步解构，进行相应的标注与说明。

范例1：

2013年第5期　　化 学 教 育　　·81·

对教材《有机化学基础》中有关表述的商榷

吴孙富

（湖北省当阳市第二高级中学　444100）

标题： 标题一般需要开门见山地指出本篇文章的主要内容及类型。上述例子直接指出文章的类型为“商榷”型，表述为：对××问题的商榷。同时还指出商榷问题的出处为“教材《有机化学基础》”，也指明商榷内容的类型为教材中的“有关表述”。

在使用普通高中课程标准实验教科书《有机化学基础》[1]的过程中，笔者发现该教材中的有些表述不够准确，现就这些不够准确的表述商榷如下。两点说明：（1）用 P_x 表示第 x 页；（2）所引教材中的句子系未作改动的教材原文。

引言：引言为文章开头部分，一般包括本文的重要性、问题来源、提出问题以及商榷之处，有时也会对文章的行文做特别说明。这篇文章首先简要介绍问题来源为“教科书《有机化学基础》”，并且提出问题和商榷之处为“有些表述不够准确”。最后为了方便行文，还对文章行文做相关说明，比如“用 P_x 表示第 x 页”。

1　烃基的概念 → 商榷主题

P_{13}“烃分子失去一个氢原子所剩余的原子团叫作烃基”，在 P_{22} 却出现了亚甲基（$-CH_2-$）。为了使教材前后一致，建议将烃基的概念修改为“烃分子失去一个或几个氢原子所剩余的原子团叫作烃基”。

商榷之处（原因）　提出建议

2　共沸混合物的组成与沸点决定于压强

P_{17} 的注释①“工业乙醇含水、甲醇等杂质，通过蒸馏可获得含95.6％乙醇（质量分数，下同）和4.4％水的共沸混合物（沸点78.15℃）”。共沸混合物的沸点与含量决定于压强的大小，此处应该加上“在一个标准大气压下”的限定条件。

3　有机分子中原子的振动频率与红外光振动频率的关系

P_{22}“在有机物分子中，组成化学键或官能团的原子处于不断振动的状态，其振动频率与红外光的振动频率相当”。

正文：正文一般包括提出问题、商榷之处以及相应的建议。这里是对文章的问题进行分类，即文中的标题。然后对每个主题进行详细表述，包括问题、商榷之处与建议。首先，提出问题是对问题主题（如上述“1　烃基的概念”）、来源（书本）、具体位置（具体页码）以及原材料的呈现等。其次，基于问题的呈现进行分析指出商榷的原因。最后是建议部分，即根据商榷之处提出相关的改进意见及建议。另外，为了方便区分，建议部分用词一般表述为“建议”“应该加上”“修改为”等词语。

例如：乙烯分子中的6个原子的质点在同一个平面上，但乙烯分子仍然是一个立体的空间结构，乙烯分子的实际结构可以通过观察其比例模型进行想象。因此，乙烯分子的结构可以这样表述：“乙烯分子是平面型的空间结构。”此处的“型”是指类型，不是指形状，“平面型”的表述体现了一种几何抽象的过程，“平面型的空间结构”表达了乙烯的实际结构。

据此，我们可以将教材上的有关表述对应修改为：“甲烷是正四面体型的分子，乙烯是平面型的分子，而组成乙炔分子的4个原子的质点位于一条直线上，是直线型分子”。“大量的研究表明，苯为平面型分子，分子中的6个碳原子和6个氢原子的质点在同一平面内”。

4　气态的液化石油气与空气密度的比较

P_{35}“气态的液化石油气比空气重约1.5倍。”短短一句话存在三个问题：（1）没有说明比较的条件——一般是“在相同的条件下或在常温常压下”。（2）在没有说明体积的前提下，比较的应该是气体的密度，而不是气体的重量。（3）倍数关系的表达是错误的，液化石油气是碳原子数小于等于4的烃类混合物，其中丁烷（C_4H_{10}）的相对分子质量为58，是空气的平均相对分子质量（29）的2.0倍；丙烷（C_3H_8）的相对分子质量为44，是空气的平均相对分子质量（29）的1.52倍；乙烷气体的相对分子质量与空气的平均相对分子质量近似相等；甲烷气体的相对分子质量比空气的平均相对分子质量小。

每一主题下都包括商榷之处（及商榷原因分析）以及相应的建议。

> 以上是笔者对《有机化学基础》上的部分表述提出的个人商榷意见，提出这些商榷意见的目的是和同行们共同研究、完善新教材，以便用好新教材为课程改革服务。由于笔者的水平有限，对有关问题的见解不一定准确，欢迎大家提出进一步的修改意见。

总结：总结一般是指文章的结语，除了对整篇文章的总括性说明外，还可以是对文章开头的呼应以及展望等。从上面的描述可以看出，这篇文章的总结主要内容包括整篇文章的反思、目的及意义（如共同研究、完善新教材等），最后还提出本文的局限性。

范例2：

> ·66· 化 学 教 育 2011年第5期
>
> 对沪教版初中化学教材中新增实验题的商榷
>
> 马逸群 尤 雷
>
> （江苏徐州市第13中学 221006）

标题：标题一般需要开门见山地指出本篇文章的主要内容及类型。上述例子直接指出文章的类型为“商榷型”，表述为：对××问题的商榷。并指出商榷问题的出处为“沪教版初中化学教材”，同时还指明商榷内容的类型为教材中的“新增实验题”。

> 上海教育出版社2009年11月出版的《义务教育课程标准实验教科书：化学》第176页新增第8题是一道实验习题，研究物质在水、汽油中的溶解性，旨在说明同种溶质在不同溶剂里的溶解性不同。
>
> 笔者发现，此题实验2中描述的实验现象和给出的实验结论值得商榷。

引言：引言为文章开头部分，一般包括本文的重要性、问题来源、提出问题以及商榷之处，有时也会对文章的行文做特别说明。这篇文章首先简要介绍问题来源为“上海教育出版社的《义务教育课程标准实验教科书：化学》”，并且提出问题和商榷之处为“实验现象和给出的实验结论”。

1　原题

为了研究碘、高锰酸钾在水和汽油中的溶解性，某兴趣小组的学生进行了如下实验：

实验1：（研究碘在水、汽油中的溶解性，略）

实验2：取1支试管，先加入3mL水，再加入1粒高锰酸钾，振荡。观察现象：试管底部无固体，液体呈紫红色。然后再向试管中加入1mL汽油，振荡，静置。观察现象：液体分层，上层无色，下层呈深紫色，试管底部无固体。（笔者绘制了实验2的操作流程图，见图1）

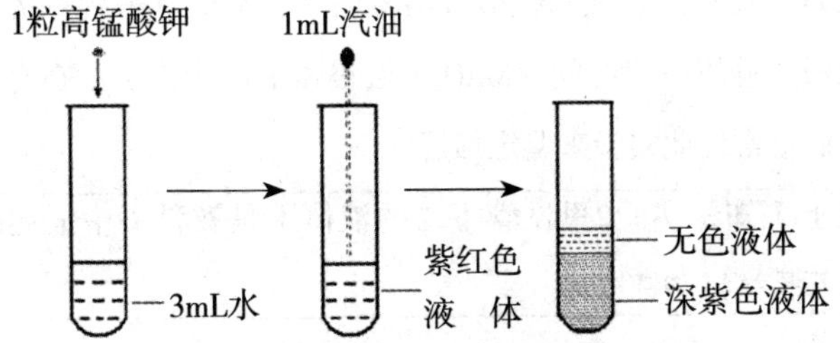

图1　实验2的操作流程

其中的一个问题是：加入高锰酸钾的试管的下层液体名称是________________。《化学教师教学指导用书》中给出的参考答案是：高锰酸钾溶液。

但是，如果我们亲自动手实验，却会有意想不到的发现。

问题的提出：问题的提出一般是指对问题进行呈现，并指出不妥之处。这里对原题重现，然后指出商榷原因（即实际实验现象与习题中的实验现象不同）。

2 商榷之处

笔者使用溶剂汽油（CP，pH约是6.2，徐州市试剂厂）和$KMnO_4$晶体（AR，徐州市试剂厂）反复做了实验2，每一次出现的实验现象都是：液体分层，上层无色，下层是深棕褐色的悬浊液（而不是教科书上说的深紫色溶液），并且此悬浊液呈明显的碱性(pH约是9.8，加入汽油前$KMnO_4$溶液的pH约是8.2）。这是为什么呢？原来，汽油中含有的不饱和烃与高锰酸钾发生了化学反应。

原油中一般不含烯烃，但在炼制过程中成分会发生变化。我国汽油是以催化裂化汽油组分为主，导致烯烃含量较高（国家标准为烯烃含量小于35%），而烯烃属于不饱和烃，能被高锰酸钾氧化，在碱性和中性介质中，发生如下反应：

$$3RCH=CH_2+2KMnO_4+4H_2O \xrightarrow{\text{碱性或中性}} 3R—CHOH—CH_2OH+2MnO_2\uparrow+2KOH$$

正是上述反应，使高锰酸钾溶液的紫色消退，得到棕褐色的碱性悬浊液（静置一段时间后MnO_2才会慢慢下沉少许）。在有机化学上，人们也常用此实验来鉴定烯烃。

综上可知，实验2里试管下层的液体不是教科书中描述的深紫色，也不是高锰酸钾溶液。

商榷之处：指出文章商榷之处，并对其进行说明。一般还需要具体呈现论证过程、原理解释等。对于试验类，需要真实试验数据或者过程，使其更有说服力。在最后总结教材中试验呈现的商榷之处。

3 对原实验的修改意见

笔者在尊重原实验的教学意图、保留原实验的教学功能基础上，改进了实验2：改用硫酸铜晶体（或氯化铜晶体）代替高锰酸钾进行实验，这样不仅现象清晰、原理简单，而且由现象到结论更顺畅。所以，此题实验2部分可以这样改编：

取1支试管，先加入3mL水，再加入黄豆粒大小的硫酸铜晶体，振荡。观察现象：试管底部无固体，液体呈蓝色。然后再向试管中加入1mL溶剂汽油，振荡，静置。观察现象：液体分层，上层无色，下层呈蓝色，试管底部无固体。

4　一点感想

科学性是命题的第一要素。笔者认为，作为习题中的化学实验，命题者也要反复动手操作，这样才能确保目的明确、现象清晰、数据可靠和结论合理。

建议：建议即上文的修改意见，一般是在问题商榷及其原因分析的基础上提出相应的建议，往往还会包括建议的依据（如这里说改进之后由现象得到结论更加顺畅）等。

感想：感想也是文章的总结部分，一般是指文章的结语，除了对整篇文章的总括性说明外，还可以是对文章开头的呼应以及展望等。从上面的描述可以看出，这篇文章的总结主要内容包括整篇文章的反思及意义（如保证科学性，对教材编写者的建议，等等）。

范例3：

化学教材插图的若干问题商榷

——以上教版初中化学教科书为例

张章录

标题：标题指出论文类型为“商榷型”，并指出商榷问题的出处为“化学教材”，还说明商榷问题的类型为“教材插图”。

插图是教材的"第二语言"，它能使理性问题感性化、抽象问题具体化、深奥问题通俗化，因此在教材中有着不容忽视的地位。但是教材中的插图若存在问题，也会给学生学习带来困惑，并给教师的教学造成一定的困难。下面以上海教育出版社2014年出版的义务教育教科书《化学》为例，探讨书中插图的一些问题。

引言： 引言为文章开头部分，一般包括本文的重要性、问题来源、提出问题以及商榷之处，有时也会对文章的行文做特别说明。上述文章说明研究主题"教材插图"的重要性，即"理性问题感性化、抽象问题具体化、深奥问题通俗化"。并指出了不足之处：问题插图给学生学习带来困惑、给教师教学造成困难。最后提出商榷问题的来源、具体位置等。

一、插图的科学性问题

插图反映的信息有很多，其中有表面的静态信息，也有深层次的动态信息，看图者的视角不同，对插图的认识也就会不同。因此，插图的制作稍有不慎就会出现科学性问题。

1. 实验操作步骤出现纰漏

【问题插图】图1是教科书上册第二章中"图2–9　双氧水分解制氧气"的插图。

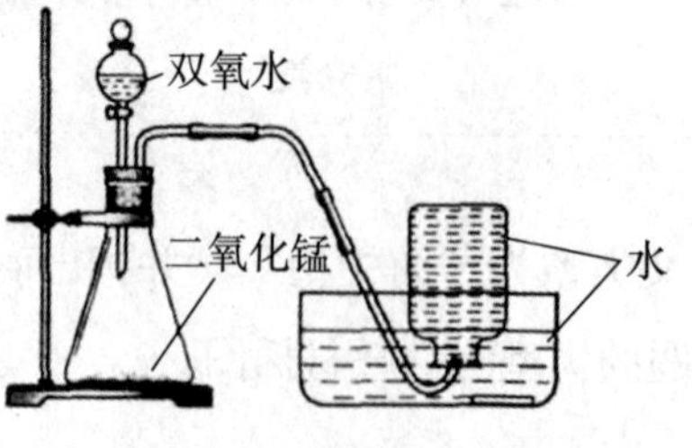

图1

【问题商榷】图1是实验室用双氧水和二氧化锰制取氧气的实验教学插图，该图包含了许多静态信息，如实验药品、仪器等，但也蕴含着一定的动态信息，如反应的进程，即药品添加完毕，将要开始反应制取氧气。此图的问题恰恰就出在这里：按照该实验的步骤，反应开始后，不能马上收集，因为一开始排出的氧气混有装置中的空气，应等气泡连续均匀冒出时才开始收集。如图中所示，反应还没发生，就将导气管一端放在集气瓶口，会给学生造成“反应发生后即可马上收集氧气”的错误认识，从而产生了不必要的困惑，建议将导气管口移出集气瓶口。另外，装满水的集气瓶悬置于水中感觉有些别扭，建议将其置于水槽底或玻璃片上。

正文：正文一般包括提出问题、商榷之处以及相应的建议。这里提出的第一个问题为插图的科学性问题，并对其商榷问题进行进一步分类，如本文插图的科学性问题中实验操作步骤出现纰漏。随后还对其问题部分进行重现，以指出图中具体值得商榷的地方。同时对插图进行分析和解读，指出商榷的理由（一般指带来的不当后果等）。

建议：根据商榷问题及其原因的分析，结合实际情况提出解决此类问题相应的建议，如“将导气管口移出集气瓶口”。

二、模板提取

从以上几个例子可以看出，一篇完整的问题商榷型论文的基本结构如下：

引言——问题——商榷——建议——总结

各部分的基本内容和作用见下表：

成分	内容与作用
引言	主要内容为选题的重要性、来源以及意义等
问题	指出存在的问题，此部分一般包括原始材料和对材料问题的解释
商榷	分析原始材料的商榷之处

续表

成分	内容与作用
建议	根据问题和商榷之处提出相关的建议
总结	此部分一般在文章的结尾部分，主要内容包括对整篇文章的总结

引言作为论文的开头，往往起着“先行组织者”的作用，即引导读者进入本文的主题。其基本写作模式为首先以简短的篇幅介绍论文的写作背景：如本篇文章的缘起、现实情况及相关领域内前人所做的工作等。然后表明研究的目的和意义，即表明本研究的主要研究内容概括以及研究的意义。有时也可以开门见山地阐述研究的主要内容，必要情况下还可以补充本文的理论依据、实验基础和研究方法以及论文中的必要说明。引言的书写要开门见山，三言两语预示本研究的结果、意义和前景，但不必展开讨论。切忌拖沓冗杂，引而不入。

问题为论文第二部分，主要指出研究的问题，即问题商榷的原型，一般包括原始材料和对材料问题的解释。商榷问题时一般需要先对原材料进行呈现，然后根据原材料指出其商榷之处。由于这一部分也是正文的主要内容，因此需要对其进行详细解释。若商榷问题较多，可以按照一定的逻辑将其分类。

商榷主要是对问题进行详细的讨论和解释，指出不足之处及其原因。其行文顺序一般为“总分”形式，即指出商榷之处，并对其进行详细说明。

建议部分是根据商榷之处提出自己的见解。见解主要是针对上述对于商榷之处的讨论，建议一般要求详细具体，有理有据，不能泛泛而谈。最好能与商榷部分一一对应，此部分的关联词可以为“建议”“应该加上”“修改为”等词语。

总结是整篇文章的结尾部分，主要包括对论文要点的总结、论据的整理。若开篇有研究问题，则需要呼应开头。另外，文末也可以加上反思、启示（如后续工作或研究可以借鉴及改进之处）以及文章的局限性等。

三、选材建议

问题商榷型论文的选材主要包含两类：教材类和习题（试题）类。教材类一般是指对现行教材（人教版或苏教版）中相关问题的商榷，最好是最新版本。根据教材内容的偏向不同，将此类商榷问题又分为以下三种。

（1）对教材内容的商榷。主要包括教材中错误概念、含糊概念或者是超纲概念的商榷；或者是对教材中教学栏目的设置、目的及意义等的商榷。

（2）对教材中表述的商榷。比如对教材中的不准确数字、不科学不严谨的文字或符号主表述的商榷。另外，教材中的配图也常常是忽略的地方。

（3）对教材结构的商榷。可以是对某一节、某一章，甚至是整本书中知识的前后呈现顺序的商榷。

习题（试题）类是指对经典习题或者例题中的问题进行探讨与商榷，最常见的是对高考题的商榷。常见的问题有以下几点：第一，考虑不够严谨，如引用科学史实不够严谨，对问题的认识不够完整和深刻，以至于使用片面的科学史得出片面的结论。第二，对实际情况不够了解，仅仅是从理论上去设置问题，缺乏实证。第三，缺少用学生的眼光看问题，如问题设置不够明确，问题设置不够安全，情境叙述不符合他们的阅读水平和习惯；又如，对学生没学过的概念，没有加以说明。第四，选用材料过于陈旧，思维太过理想化。即不能跟上时代的脚步，还在用很久以前的材料进行题目设置，忽略了知识的暂定性问题。对于很多只能在理论上实现的问题没有加以说明。

四、拓展阅读

阅读下面的文章，对其进行简要批注和说明，并指出属于论文模板的哪一组分。

一、碳酸氢钠在医学上是否还用于治疗胃酸过多

教科书（下册）在十一单元“生活中常见的盐”课题中明确指出碳酸氢钠是治疗胃酸过多症的一种药剂。那么目前医疗中碳酸氢钠是否还用于治疗胃酸过多呢？先通过网上查询相关资料，在得到否定答案后，又咨询了我市人民医院有关消化内科专家，他们一致认为过去医疗水平不发达的时候，碳酸氢钠的确曾做过治疗胃酸过多的药物，但现在临床上只是用它来治疗酸中毒，已没有人再用碳酸氢钠治疗胃酸过多症了。他们还认为碳酸氢钠不能用于治疗胃酸过多的原因主要是：①它虽能够中和胃酸，但不能抑制胃酸的分泌，治标不治本；②它对胃黏膜不仅无保护作用，而且还会产生破坏作用；③产生的二氧化碳会反作用于胃壁，刺激胃壁进一步分泌胃酸，出现继发性胃酸增多。我们从化学角度来看，$NaHCO_3$不适合治疗胃酸过多的理由如下：①$NaHCO_3$和HCl反应会生成二氧化碳气体，使胃内气压升高；②$NaHCO_3$和HCl反应较快，所以药效不会持久。

我认为，现行教科书中出现的用碳酸氢钠治疗胃酸过多症已不适合时代发展的需要，应删去，以免误导学生。

三、水蒸气能否抵消温室效应

教科书上册第117页写道："有人认为大气中的水蒸气有可能抵消温室效应。"我认为这种说法是不对的。水蒸气能吸收太阳和地球表面热辐射到空间的红外辐射，阻止能量向空间散失，所以水蒸气可以导致温室效应是科学界不争的事实。简单地翻一下有关环境、化学类的教科书或者在百度中搜索一下，都很容易发现水蒸气是形成温室效应的主要物质之一。如果没有水蒸气的话，地球将是一片苦寒死寂。正是凭借水蒸气的保温作用，地球上的生物才能生存繁衍。二氧化碳只是让地球变热，而水蒸气则会让地球变闷热，那种滋味是更难受的。我想，每年6月底7月初闷热的黄梅天气就能很好地说明这个问题。从这个角度来说，水蒸气的危害比二氧化碳甚至更严重。

教科书中所提到的"抵消温室效应"也许指的是由于烟尘增多而形成的"阳伞效应"。所以，我个人觉得教科书应该更正这部分内容。

五、反思尝试

（1）反思可能的选材，根据本章标题书写形式，将其列举出来。

（2）在上述题目中选取其中一个，构思写作模板，并简要介绍各部分内容。

第二章

实验改进型论文的撰写

实验改进型论文是指为了更大限度发挥实验作用，而对已有实验进行改进的一类论文。由于化学是一门以实验为基础的学科，实验在化学教学中起着重要的作用，对于探究式教学以及现代科学观的形成起着重要作用。这一类文章在中学化学教学中也尤为常见，且实用性很强。本章将从四个方面介绍该类论文的一般写作模式：首先通过对经典范文的解读，体会此类论文的一般写法。其次根据解读内容，归纳出此类论文的一般模板。再次针对中学化学中常见的一些材料，提出选材建议。最后在文章末尾，提供更多案例让读者进行自行赏析。

一、范文导读

本节内容主要介绍几种不同选材的实验改进型论文，并按照文章行文顺序将文章进一步解构，进行相应的标注与说明，使读者初步了解此类型论文的一般特点，为此类论文的写作提供一般模板。下面将从三个范例进行解读与赏析。

范例1：

> **“木炭还原氧化铜”实验改进的对比与设计**
>
> 于亚丽　王世存
>
> （华中师范大学化学教育研究所　湖北武汉　430079）

标题：标题一般需要开门见山地指出本篇文章的主要内容以及类型。上述例子直接指出文章的类型为“实验改进”型，表述为：××实验改进。同时还指出实验改进的内容为“木炭还原氧化铜”，也指明实验改进的大概细节即对实验改进的“对比与设计”。

> 木炭还原氧化铜是初中化学教学中的重要演示实验，学界对其研究已持续数十年，研究已有一定的基础，周文元[1]曾在2013年对之前的各改进方案进行分析总结，并运用冶金中的烧结原理验证实验成功的关键因素。近两年，学者更加注重此实验的实际操作性和科学性的提高。

引言：引言作为承接题目与正文的部分，起着“先行组织者”的作用。一般为简要介绍该实验改进内容的重要性和必要性。例如，这里通过对比分析近年改进的趋势，体现出时代对实验改进的需求。

> **1　近两年的实验改进对比评析**
>
> 学界认为此实验的成功关键因素有三点：稳定的高温热源、足够的研磨程度和恰当的质量比。针对2013年7月至2015年7月的16则实验改进，从反应物、热源和反应装置的选择三个方面进行归纳总结。

实验分析：实验分析一般为指出实验改进思路的来源以及具体的比较方法。即通过对比已有的实验改进参考文献，分析并提出该改进实验存在的问题。这里为评析的总结部分，通过对其成功因素进行分析，指出对比的基本筛选条件及区域。

> **1.1　反应物**
>
> 人教版教科书中所使用的反应物为“刚烘干的木炭粉末和氧化铜粉末”，复印机的碳粉、纳米氧化铜等曾在2013年之前作为实验改进的反应物。通过对16个改进实验进行统计分析发现，12个实验改进选择木炭粉，11个实验改进选择氧化铜，在相应的实验条件下都获得了较好的实验现象。见表1。

表1　反应物来源

反应物	来源	实验数量
碳	木炭粉末	12
	活性炭粉末	3
	滤纸燃烧	1
氧化铜	铜丝（或铜片）加热氧化	3
	氯化铜水解所得氢氧化铜受热分解	1
	碱式碳酸铜受热分解	1
	氧化铜粉末	11

在使用木炭粉末的12个改进实验中，汪阿恋[2]使用的是自制的木炭粉，块状木炭用搅拌机在高转速模式下进行粉碎，直至木炭粉用肉眼观察已无小炭粒反光。在实际应用中，搅拌机并不属于中学化学教学中的常规仪器。活性炭粉的使用并未体现出较大优势。滤纸燃烧生成的碳单质必须考虑和氧化铜粉末充分接触才有利于实验的成功，氧化铜的用量也需控制得当。利用铜丝或铜片加热氧化制得氧化铜的方法不仅可以省去称量氧化铜粉末和木炭粉末质量的步骤，不用对木炭进行研磨，而且反应结束后通过对比铜片上端红色的铜线和下端灼烧生成的黑色氧化铜，有利于增强学生对铜和氧化铜二者颜色的记忆；生成的铜容易与表面附着的活性炭分离，易于观察到铜的颜色[3]。碱式碳酸铜受热分解制得氧化铜的做法建议教师在课下自行制备，初中生还未学习过碱式碳酸铜，注意不要产生认知冲突，可延伸至第二课堂。庭开军[4]研究了金属氯化物对于反应的促进作用，推测Cl^-可能有催化作用；胡海铭[5]也验证了氯化钠的催化作用。学生在初中阶段虽然还未接触催化作用的相关概念，但教师可适当给予解说。

分类评析：对实验改进的分类评析，其来源主要为文献。即主要是对已有研究（相关研究）的总结与述评，得出此类实验改进依然存在的问题。此类问题的述评一般可从以下几个方面入手：首先，需要找共性，如标题中的反应物，即指出大部分对此实验的改进是从反应物入手。其次，需要在共性中找出特性，即各种改进的优势、特点等。如这里指出了改进后能达到许多实验教学效果。最后，需要在特性中找出局限，即虽然这些实验改进能够解决一些问题，但是依然存在着局限。这为后续提出实验改进做铺垫。

1.2 热源

热源的选择要与相应的实验装置和反应物相适应，周文元认为，冬季时使用酒精喷灯可以快速地完成实验。但考虑到酒精喷灯操作的危险性与复杂性以及教材实验的普适性，酒精喷灯可能使试管熔化，因此必须寻找更为合理的热源。16个改进实验中有10个将酒精灯（或加灯罩）作为热源。具体如表2所示。

表2 热源类型

热源类别		实验数量
酒精灯（可加灯罩）		10
酒精喷灯		2
其他	镁条+氯酸钾	1
	滤纸（纸片）燃烧	2
	自制三芯灯	1

分类评析：这一部分的结构与上一部分基本一致，为分类评析的第二点。依然是写了三个方面的主要内容，即共性（如热源）、特性与局限性。

2 实验改进设计

基于对近年此实验的改进研究，尝试将铜片、木炭粉末和氯化钙（催化剂）作为反应物，以酒精灯（建议加不透风灯罩）为热源，以止水夹和橡胶管配套为防倒吸装置，以小烧杯盛放澄清石灰水检验CO_2。

实验改进：这里为实验改进的具体内容，一般是根据存在的问题提出相关的改进意见或建议。需要具体呈现改进的设计、装置以及完整的实验步骤及实验结果。

> **2.3　改进评价**
>
> （1）综合近年实验改进的优缺点，操作简便，反应时间缩短，现象明显。
>
> （2）进一步验证氯化钙的催化作用，实验后的铜片，上部为黑色，下部为亮红色。氧化反应和还原反应同时呈现。

总结：这里对整个实验的评价，其实是对改进实验的总结。内容为根据改进后的实验，与近年的实验改进做对比评价，描述实验后的实验现象和结论。

范例2：

> ·56·　　化学教育（中英文）（http：//www. hxjy. org）　　2017年第38卷第19期
>
> **铁锈蚀条件的探究实验改进**
>
> 胡海铭**
>
> （祁门县凫峰中学　安徽黄山　245605）

标题：标题一般需要开门见山地指出本篇文章的主要内容以及类型。上述例子直接指出文章的类型为“实验改进”型，表述为：××实验改进。同时还指出实验改进的内容为“铁锈蚀条件”，并且指出此实验为探究实验。

> 现行各种版本的化学教科书中，均编排了“钢铁锈蚀条件”的探究实验。该实验是铁、氧气的化学性质及缓慢氧化知识的延续和具体应用，也为金属资源的合理利用和保护提供理论支持。

引言：引言作为承接题目与正文的部分，起着“先行组织者”的作用。一般为简要介绍该实验改进内容的重要性和必要性。例如，这里通过对比分析钢铁腐蚀条件探究实验在教科书中的重要作用。

1 问题的提出

教科书上这一实验需要放在教室里进行，让学生观察并记录实验过程，而九年级的学生好奇心强，难免会有学生拔出橡皮塞瞧一瞧等其他状况发生，因而常会出现仪器、装置受到损坏或不能达到预期的实验效果等情况；尤其是该实验时间长、跨度大。很多化学教师在教学中，通常采用“穿越”的方式，运用多媒体技术展示7天前实验开始到7天后铁钉锈蚀这一过程。

目前，很多化学教师对“铁锈蚀条件的探究”实验已有很多成功的改进，如潘国荣、朱红杰、周广等人，从缩短实验时间，突出实验现象，增加温度、酸、碱的影响等方面对实验进行优化[3—6]。

在尊重原实验的教学意图、保留原实验的教学功能等前提下，利用实验室常用的仪器和用品对该实验进行了改进[7]，让学生在较短的时间里就可以观察到铁钉明显锈蚀的现象。改进后的实验既适合演示实验，也能用于教师指导下的学生分组实验。

提出问题：即对实验的分析，一般为指出实验改进思路的来源以及具体的比较方法。例如，这里通过对实际情况的分析，得出已有实验存在的问题（如仪器损坏、时间长等问题）。指出实验改进想法的来源，即对已有改进实验进行分类评述，得出自己改进实验的基本思路。

2　改进后的实验

2.1　实验装置

改进后的实验装置见图 1（铁架台等夹持装置略）。

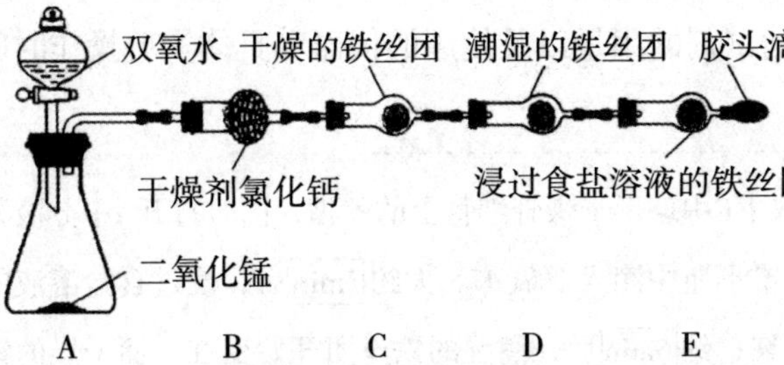

图1　改进后的“铁锈蚀条件的探究”实验装置

2.2　实验用品

主要实验用品是：锥形瓶、分液漏斗、双孔塞、单孔塞、胶头滴管胶帽、球形干燥管、铁架台、砂纸、药匙；8%的双氧水、食盐溶液、蒸馏水、二氧化锰、无水氯化钙、细铁丝（实验前均用砂纸打磨光亮再揉成团）；等等。

2.3　实验操作及现象

（1）按图1所示，用乳胶管连好实验装置，并检查装置的气密性（将胶帽套在E中球形干燥管细管上，打开分液漏斗放水，如果水很难流下来，则装置不漏气）。

（2）向A中锥形瓶和分液漏斗中分别加入约1 g的二氧化锰粉末和足量的8%的双氧水。然后再分别向B中球形干燥管内加入适量的干燥剂氯化钙；C中球形干燥管内加入干燥的铁丝团；D中球形干燥管内加入潮湿的铁丝团；E中球形干燥管内加入浸过食盐溶液的铁丝团，然后立即将1个胶帽套在E中球形干燥管细管上，以防空气进入，干扰后续实验。

实验改进：这里为实验改进的具体内容，一般是根据存在的问题提出相关的改进意见或建议。需要具体呈现改进的设计、装置以及完整的实验步骤及实验结果。一般需要尽可能详细描述改进后的实验，注意用化学语言进行表述。为了保证实验的可操作性和可重复性，实验装置一般需要用图表示，并详细指明装置中所盛放的试剂，所用的溶液要注明浓度。在描述实验操作时，要尽可能详细，并注意明确试剂的用量以及使用的仪器和具体实验操作时间。

（3）取下E中球形干燥管细管上的胶帽，同时打开A中分液漏斗的活塞，向锥形瓶中滴入双氧水。大约3min后，浸过食盐溶液的铁丝团开始变红；约6min后，潮湿的铁丝团开始变红；而干燥的铁丝团和浸没在蒸馏水中的铁丝团，始终没有明显的变化。

对比上述实验现象可知，铁丝仅与氧气接触不会锈蚀，仅与水接触也不会锈蚀；只有与氧气和水同时作用，铁丝才会锈蚀；当有盐溶液存在时，铁与氧气、水的反应更容易发生，即盐会加快铁丝锈蚀的速率。

（4）关闭分液漏斗的活塞，停止通入氧气，同时在E中球形干燥管细管上套上胶帽，继续观察实验现象。

（5）实验结束后，清洗、整理实验用品。

实验改进：实验改进对实验进行详细说明，以保证实验的可操作性和可重复性。例如，需要注明具体实验操作时间，对实验现象做具体描述。

2.4 改进后实验的优点

（1）铁丝团在干燥管中与高浓度的氧气充分接触，加快了铁氧化的速率，使铁在较短的时间内明显锈蚀，实验当堂即可完成，提高了实验效率。

（2）实验通过条件变量控制，对干燥的铁丝团、浸没在蒸馏水中的铁丝团、潮湿的铁丝团和浸过食盐溶液的铁丝团在实验前后的变化进行比较，很容易得出铁生锈的条件是“铁同时与氧气和水接触”。

（3）通过对潮湿的铁丝团与浸过食盐溶液的铁丝团在实验中锈蚀快慢变化的对比，学生对在有盐溶液存在时铁制品更易被锈蚀的客观事实有了感性认识。

（4）本实验装置取材容易，重复性好，实验中运用了气体制取、气体干燥、对比实验等知识和方法，为后续的学习起到了承前启后的作用。因此该实验改进实用性强，它不仅可用于教师演示实验，而且也适合于学生实验，有利于推广普及。

总结：总结一般表述为“实验评价”或“实验改进后的优点”，其实主要是对改进实验的总结。内容为根据改进后的实验，与近年的实验改进做对比评价，描述实验后的实验现象和结论。尽量指出本实验的优势，其方式为结合实验的原理、操作等对改进后的实验装置进行评价。从实验本身的高效性、科学性、可行性等进行评价，也可从教师教学和学生学习、心理认知、态度等方面展开评价。当然，评价也要契合实际，还要保证文章前后一致协调。需要与前文中提出的原有装置存在的不足或问题相对应，指出改进后的实验装置是否很好地解决了提出的问题，突出优化的作用。在写作时为了使文章更具条理性，最好列点进行说明。

范例3：

2011年第12期　　化　学　教　育　　·71·

乙醇催化氧化实验的改进

胡崇安　丁　伟

（华东师范大学化学系　上海　200062）

标题：标题一般需要开门见山地指出本篇文章的主要内容及类型。上述例子直接指出文章的类型为“实验改进”型，表述为：××实验改进。同时还指出实验改进的内容为“乙醇催化氧化”。

乙醇在铜催化下与氧气反应生成乙醛的实验，是学习乙醇重要性质的传统实验。笔者利用酸性$KMnO_4$滤纸遇乙醛变色的明显的视觉现象，来代替闻气味的方法判定有乙醛生成，实验效果很好。

引言：引言作为承接题目与正文的部分，起着“先行组织者”的作用。一般为简要介绍该实验改进内容的重要性和必要性。指明本实验是学习乙醇重要性质的传统实验，说明了其重要性。简要介绍了本实验改进的结果及优势，如明显视觉现象等，说明了实验改进的必要性。

1 问题的分析

通过查阅文献，可知乙醇和乙醛都可以被酸性$KMnO_4$氧化，但二者还原性强弱程度不同[1]。笔者设计了2组实验对此进行验证（实验均在通风橱内操作）。

（1）乙醇和乙醛还原性强弱程度的比较。

向2支试管（编号为A和B）中各加入3mL无水乙醇，将螺旋铜丝在酒精灯上烧至红热后插入试管A中，反复多次后，用脱脂棉堵住A和B的试管口。经过上述操作后，试管A中的物质是乙醛与少量乙醇的混合物（由于无水乙醛毒性大，本实验没有直接取用无水乙醛进行实验）。取4张滤纸片（编号为1、2、3、4）分别放在四个表面皿中，在每张滤纸片中央各滴加1滴0.05 mol/L的酸性$KMnO_4$。然后向1号滤纸片中央滴加1滴液态无水乙醇，从试管A中取出1滴溶液滴在2号滤纸片中央。记录酸性$KMnO_4$遇液态乙醇和液态乙醛与乙醇的混合物时，由紫色变成棕色所需时间，结果见表1。将试管B在80 ℃水浴中加热制得乙醇蒸气，在试管B管口盖上3号滤纸片。将试管A在40 ℃水浴中进行加热，使其中产生乙醛蒸气（由于试管A水浴加热温度低于乙醇沸点，故A试管中只有乙醛蒸气溢出），迅速在试管A管口盖上4号滤纸片。记录酸性$KMnO_4$遇乙醇蒸气和乙醛蒸气变色的时间，结果见表2。

提出问题：即对实验的分析，一般为指出实验改进思路的来源以及具体的比较方法。例如，这里通过对实际情况的分析，得出已有实验存在的问题。即对原实验的再次呈现，分析问题。从反应原理的角度对实验进行分析，并通过实验及其现象、数据论证改进方案的科学性和可行性。

表1　酸性$KMnO_4$遇液态乙醇、液态乙醛与乙醇的混合物的变色时间

试剂	液态乙醇	液态乙醛和乙醇混合物
时间/s	26	57

表2　酸性$KMnO_4$遇乙醇蒸气、乙醛蒸气的变色时间

试剂	乙醇蒸气	乙醛蒸气
时间/s	75	11

乙醛有较强的还原性。由表2可知乙醛蒸气与酸性$KMnO_4$反应速率比乙醇蒸气快很多。因此，上述实验表明：无论是液态乙醛还是气态乙醛，都比相应状态下的乙醇的还原性强。

（2）乙醇和乙醇催化氧化产物还原性强弱程度的对照试验。

取0.05 mol/L酸性$KMnO_4$ 1 mL，稀释10倍。向C、D2支试管中各加入3 mL无水乙醇。将螺旋铜丝在酒精灯上烧至红热后插入试管C中，取出铜丝，迅速用脱脂棉将2支试管的管口堵住。冷却C试管至室温后，向C、D两试管中各滴加1滴酸性$KMnO_4$，观察并记录现象，实验结果见表3。

表3　酸性$KMnO_4$遇乙醇、乙醇催化氧化产物的变色时间及现象

试管	变色时间/s	实验现象
C（乙醇催化氧化产物）	2	迅速变成无色
D（乙醇）	25	变成浅红色，2分钟后仍为浅红色

通过上面实验可知，乙醇和乙醇催化氧化产物使酸性$KMnO_4$变色的时间的确存在较大差异，这说明了乙醇催化氧化产物的还原性明显强于乙醇，所以可以用酸性$KMnO_4$检验是否有乙醛生成。

问题分析：从实验结果对实验进行分析，论证改进方案的可行性。

2 实验改进

2.1 实验用品

无水乙醇，0.05mol/L $KMnO_4$，3mol/L H_2SO_4，试管，滤纸，20 cm细铜丝，滴管，10mL量筒，玻璃棒，试管夹，酒精灯，表面皿。

2.2 实验装置图

实验装置如图1所示。

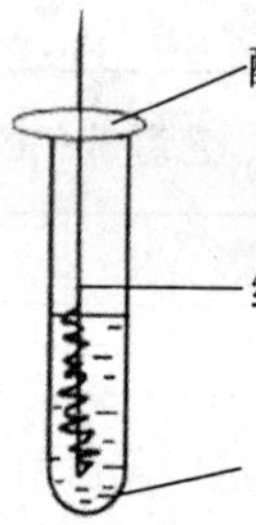

图1 实验装置

实验改进：这里为实验改进的具体内容，一般是根据存在的问题提出相关的改进意见或建议。需要具体呈现改进的设计、装置以及完整的实验步骤及实验结果。一般需要尽可能地详细描述改进后的实验，注意用化学语言进行表述。为了保证实验的可操作性和可重复性，实验装置一般需要用图表示，并详细指明装置中所盛放的试剂，所用的溶液要注明浓度。在描述实验操作时，要尽可能详细，并注意明确试剂的用量以及使用的仪器。

2.3 实验步骤及现象

实验步骤：

（1）将细铜丝一端在玻璃棒上绕成螺旋状，取下铜丝后，将其与试管高度进行对比，在与试管口等高处绕一个小圈（以免滤纸片滑落）。

（2）量取1mL 0.05mol/L $KMnO_4$滴加1滴3mol/L H_2SO_4配成酸性$KMnO_4$试剂。剪一个比试管口稍大的圆形滤纸片，在其中心位置用细铜丝穿一个小孔后放在表面皿中，在滤纸的中央滴加1滴酸性$KMnO_4$试剂。

（3）量取3mL无水乙醇于小试管中。

（4）将酸性$KMnO_4$滤纸片穿在细铜丝上方。用试管夹夹住细铜丝在酒精灯上烧至红热，然后迅速插入乙醇中，观察滤纸片颜色的变化。

实验现象：10s后试管上方滤纸片由紫色变为棕色。

实验改进：需要对实验步骤、过程、结果等做详细介绍。在描述实验步骤时，要尽可能详细，并注意明确试剂的用量以及使用的仪器。在描述实验现象时，注意描述现象的变化，并与时间对应。

3 实验评价

本实验改进的优点：在教材原实验的基础上增加了酸性$KMnO_4$滤纸片，采用视觉代替嗅觉的方式，将乙醛的鉴定改“闻”为“看”；教材实验中的细铜丝需要“加热—插入乙醇—加热”反复操作，而本改进实验只需要将铜丝加热后迅速插入乙醇中，10s左右就有明显现象，无须反复操作。

总结：总结一般表述为“实验评价”或“实验改进后的优点”，其实主要是对改进实验的总结。内容为根据改进后的实验，与近年的实验改进做对比评价，描述实验后的实验现象和结论。尽量指出本实验的优势，其方式为结合实验的原理、操作等对改进后的实验装置进行评价。从实验本身的高效性、科学性、可行性等进行评价，也可从教师教学和学生学习、心理认知、态度等方面展开评价。当然，评价也要契合实际，还要保证文章前后一致协调。需要与前文中提出的原有装置存在的不足或问题相对应，指出改进后的实验装置是否很好地解决了提出的问题，突出优化的作用。在写作时为了使文章更具条理性，最好列点进行说明。比如，与教材中原有实验进行对比。先描述原实验不足在哪，对应是如何改进的，并得到什么优化效果，即改进后的实验的优点。

二、模板提取

从以上几个例子可以看出，一篇完整的实验改进型论文的基本结构如下：

引言——存在问题——改进建议——评价

各部分的基本内容和作用见下表：

成分	内容与作用
引言	主要内容为选题的重要性、来源及意义等
存在问题	指出存在的问题，此部分一般包括原始材料和对材料问题的解释，即指出原有实验存在的问题。其原材料有两类，第一类是他人研究（即综述相关实验），第二类是实验证据（即从实验结果说话）
改进建议	根据问题提出相关的意见和建议
评价	此部分一般在文章的结尾部分，主要内容包括对该实验改进的评价。评价的内容主要针对是否解决了存在的问题以及改进后的实验是否具备科学性、直观性、易操作性、安全性和可行性等原则

引言作为论文的开头，以简短的篇幅介绍论文的写作背景、目的和缘起，常为教材、教辅书或试题中的某一实验的重要性和意义。重要性和意义主要是从学生认知学习角度、教师教学过程角度以及时代需求或变化的角度进行简要阐述。

存在问题为论文的第二部分。主要为指出原有实验存在的不足之处，考虑的角度一般是学生认知学习角度、教师教学过程角度以及实验自身存在缺陷的角度（如缺乏逻辑性或实验效果不好等）。存在问题的阐述方法有多种，主要介绍两种方法。其一为综述法，即从已有文献中的同类研究中总结或发现空缺。其过程为作者自身通过分析或在实际操作中发现其存在问题，然后查阅文献，了解相关领域内前人所做的工作和研究的概况，并结合前人研究（实验改进）和相关实验原理研究指出目前的研究仍然无法很好地解决存在的问题，从而提出优化方案，改进实验。其二为实验法，即在实验教学中发现问题，发现其中不足之处。但实际在写作中常常会结合这两种方式，相互补充，从文献中发现问题再用实验来验证；或者从实验操作中发现问题，再从文献中寻找解决方案。

改进建议部分是根据问题提出自己的见解。这里为实验改进的具体内容，根据存在的问题提出相关的改进意见或建议。需要具体呈现改进的设计、装置以及完整的实验步骤及实验结果。一般需要尽可能地详细描述改进后的实验，注意用化学语言进行表述。为了保证实验的可操作性和可重复性，实验装置一般需要用图表示，并详细指明装置中所盛放的试剂，所用的溶液要注明浓度。在描述实验操作时，要尽可能详细，并注意明确试剂的用量以及使用的仪器。此部分的关联词可以为“建议”“考虑”“有利于”“巧妙地解决”等词语。

评价是整篇文章的结尾部分，主要包括对该实验改进的评价。其中可以包括改进的创新点、改进效果等。一般表述为“实验的评价”或“实验改进后的优点”，其实主要是对改进实验的总结。内容为根据改进后的实验，与近年的实验改进做对比评价，描述实验后的实验现象和结论。尽量指出本实验的优势，其方式为结合实验的原理、操作等对改进后的实验装置进行评价。从实验本身的高效性、科学性、可行性等进行评价，也可从教师教学和学生学习、心理认知、态度等方面展开评价。当然，评价也要契合实际，还要保证文章前后一致协调。需要与前文中提出的原有装置存在的不足或问题相对应，指出改进后的实验装置是否很好地解决了提出的问题，突出优化的作用。在写作时为了使文章更具条理性，最好列点进行说明。比如，与教材中原有实验进行对比。先描述原实验不足在哪，对应是如何改进的，并得到什么优化效果，即改进后的实验的优点。

三、选材建议

实验的改进是为了使实验教学更好地发挥效果，因此实验改进应该朝着更好达成实验目的的方向改进。实验教学在现代教学中起着重要的作用，主要有两个目的：其一是让学生能更加全面直观地观察到实验现象，激发学生学习化学的兴趣以及使学生树立正确认识和研究客观事物的科学态度和科学方法；其二是提高化学实验教学的效率，搭建师生交流的便利平台，促进师生间的互动交流以及促进教师由“知识传授型”向“科学研究型”转变，是为了提高教与学的效果和质量。因此实验改进时，可以从“如何改进才能更好地达到以上两个目的”的方向来考虑。

实验改进既要能达成实验教学目的，又需要遵循实验教学的原则，即逻辑性、观察性、知识结构性、绿色环保性等多方面。因此也可对原有实验的这些方面进行考察，从而找出可以改进之处。具体表现为：首先，选材要注意改进实验背后的实验目的，贯彻好新课标的要求，紧跟时代的步伐。可采用与自然、生产和社会生活紧密相关的化学问题为背景，如利用现有资源还原化工实际生产的原理或模型等；可结合化学时事的材料，尝试将最新的可能的选材点整合到学科主干知识中；也可从学生自身生活经验出发，选取真实的、有意义的、能引发学生兴趣的探究问题，改变在实验中注重动手但缺少思考的现状，强调高级思维过程，如基于“四重表征”的维度探究碳酸钠和碳酸氢钠性质的实验改进等；亦可结合时代科技的发展，将传统演示实验改进为学生探究实验，如微型电解池装置的改进等。其次，绿色实验理念是一项重要的优化理念，在进行实验改进时必须要始终以其为指导，深挖绿色素材、实现绿色实验、进行绿色教学。还可以充分开发家庭和学校现有的课程资源与物质条件，鼓励学生充分利用身边廉价的器具和材料，设计富有创造性的实验改进方案。最后，通过对实验主题研究的综述，可以帮助教师快速了解同类主题实验改进情况以及空缺。从文献出发结合自身经验，可以快速帮助教师选择好的实验改进素材。

四、拓展阅读

阅读下面的文章，对其进行简要批注和说明，并指出属于论文模板的哪一组分。

一、问题的提出

苏教版《化学1》专题2第二单元第一节“金属钠的性质与应用”主要设计了三个学生实验，目的是帮助学生通过典型的化学实验事实来认识物质及其变化的本质和规律。教材编排实验的顺序遵循学生的认知规律，体现化学学科特点，注重知识的内在建构，为学生的探究学习和自主学习搭建了良好的平台。[1] 但完全按照教材中的实验方案进行实践，观察到的实验现象与预期存在偏差，实验效果并不理想。

1. 改进实验1

（1）研究过程。

如何隔绝空气使钠块保持银白色？学术杂志上刊登了许多教师的研究过程，如用布包住直导管取钠块、用石蜡密封，实验准备过程由教师完成。然后将导管中的钠块提供给学生进行学生实验。[2]但实践上述设计后发现，教师完成石蜡密封导管的工作量非常大，用玻璃棒推钠块时石蜡易变形胶着，导致在推出钠块的过程中，有同学不慎将玻璃棒弄断。在此基础上，笔者将实验1改进为：直接让学生用玻璃管取钠块，这一改进大大减少了实验的准备工作，而且取的钠块也很容易推出，更重要的是用玻璃管取钠块的过程正是让学生感知金属钠质软的学习契机。但是在教学实践中，笔者发现分组实验时学生手握玻璃管的姿势千奇百怪，导致某些同学将手割破，也有同学将玻璃管从桌面上滚落。为了学生的安全，笔者最终选择了前端截平的漏斗。

（3）创新之处。

改进后的学生实验易操作、安全性高、可观察性强。对比导管，改良过的漏斗受力面积大，能安全省力地压入钠块，观察时漏斗容易在桌面上放置，不易滚动（如图1所示）。对实验操作者的技能要求也不高，适用于高一新生。漏斗颈和煤油创造一个隔绝空气的环境，保证学生能长时间观察钠的颜色，在充分感知金属钠呈银白色的前提下，能很好地观察到钠块露置在空气中颜色的变化。该实验的改进不仅让学生感受到钠质软的性质，更便于学生持续、反复观察钠呈银白色的实验现象，用对比的观点分析钠与氧气的反应。漏斗取钠块的过程也极大地刺激了学生的感官，激发学生探究钠的兴趣；金属钠与其他生活中常见金属的差异也能引发学生的认知冲突；金属钠露置在空气中迅速变暗也为钠和氧气的反应提供实验事实。

图1　用漏斗取钠块

五、反思尝试

（1）反思可能的选材，根据本章标题书写形式，将其列举出来。

（2）在上述题目中选取其中一个，构思写作模板，并简要介绍各部分内容。

第三章

考试研究型论文的撰写

考试研究型论文是指通过对试题的解析，了解其内容、形式、目的等，并发表关于教学或评价的见解和讨论的一类论文。此类论文直指中学化学评价试题，符合以评导学的原则，对于一线教师来说实用性很强。本章将从四个方面介绍该类论文的一般写作模式：首先通过对经典范文的解读，体会此类论文的一般写法。其次根据解读内容，归纳出此类论文的一般模板。再次针对中学化学中常见的一些材料，提出选材建议。最后在文章末尾，提供更多案例让读者进行自行赏析。

一、范文导读

本节内容主要介绍了三种不同选材的考试研究型论文，分别关注了三个方面：题型、知识点、区域。为了方便读者理解，本节按照文章行文顺序将文章进一步解构，进行相应的标注与说明。

范例1：

中学化学 教学参考 2017年 第12期 ·试题研究·

由近三年深圳市中考实验题反思实验教学

陈晓锋

（深圳市观澜中学　广东深圳　518110）

文章编号：1002-2201（2017）06-0062-03　中图分类号：G632.4　文献标识码：B

标题：标题指出考试研究的对象为“近三年深圳市中考实验题”，目的为反思实验教学，同时说明了本论文的类型为考试研究型。

化学是一门以实验为基础的学科，化学实验对于化学课程目标的全面落实具有重要的作用。化学实验既是化学学习的主要内容，也是一种化学学习的重要方式，还是培养学生科学素养的有效手段。实验试题作为中考化学的必考题型，其内容涵盖了初中化学主干知识、基本实验技能和化学思想方法[1]。笔者以《深圳市2016年中考化学考试说明》为依据，结合对2014—2016年深圳市初中毕业生学业水平考试化学实验试题的研究，分析化学实验试题在深圳市中考理化合卷（或科学）中的分布和特点，阐明其对初中化学实验教学和中考复习的启示。

引言：简要介绍考试研究的对象的重要性，即“实验”在中学化学教学中的重要作用以及实验题的重要评价功能。然后引出本研究的主要内容、研究的方法和来源依据等。

一、近三年中考实验题的特点分析

深圳市的课程在不断地进行改革，中考随之改革。2003—2014年使用的教材是《科学》，2015年开始使用人教版《化学》。中考科目也从科学卷改为了理化合卷，2014年中考科学学科分值为150分，化学部分占45分。2015年开始中考为理化合卷，分值为100分，化学部分占40分。近三年的中考中，化学实验题占12～13分，由此可见，化学实验在化学中考中有着重要的地位。

1. 实验试题的分布及分值

深圳市中考化学试题的题型包括选择题和非选择题两类，满分40分（2014年为45分），实验试题在试卷各类题型中均有分布，2014—2016年化学实验试题的分值比例依次为26.7%、32.5%、32.5%。近三年深圳市中考化学实验试题题型分布及分值见表1。

表1　近三年深圳市中考化学实验试题题型分布及分值

年份	2014		2015		2016	
题型	题号	分值	题号	分值	题号	分值
选择题	16	2分	3、10	3分	3、9	3分
实验题	44	10分	12	10分	12	10分
总分		12分		13分		13分
分值比例		26.7%		32.5%		32.5%

依据《深圳市2016年中考化学考试说明》，将2014—2016年中考化学实验题按照考试内容进行归类整理。可以得出，考题涉及各部分内容的考试要求，对化学实验各知识点的考查较为全面。实验试题的命制突出了其在化学学科中的重要地位，凸显了学科特色，体现了新课程理念。

试题分类剖析：对试题进行分类解析，分类可以是试题内容、规律等。这里试题剖析的角度为“分值”，从分值对考试研究对象的特点进行分析，点明研究对象的重要性。分布与分值：指出研究对象在历年试题中的分布规律和比重。为了更清楚地展示，研究对象的分布与分值采用数学表格形式呈现。内容整理：对研究对象的内容分布进行整理，指出研究对象的重要地位。

2. 实验试题的特点

（1）加强对学生基本实验技能的考查。

在化学的启蒙阶段，学生学习和掌握一定的化学实验基本技能对于化学学习尤为重要。化学实验基本技能是历年中考化学实验试题考查的重点之一，这类试题分布在选择题和实验题，侧重考查仪器的使用、仪器的名称、装置的选择、基本操作和化学反应原理。此类试题大多源自教材，立足基础，每道试题通常考查多个知识点。

例1.（2015年深圳中考题）下列实验操作（如图1所示）基本正确的是（　　）。

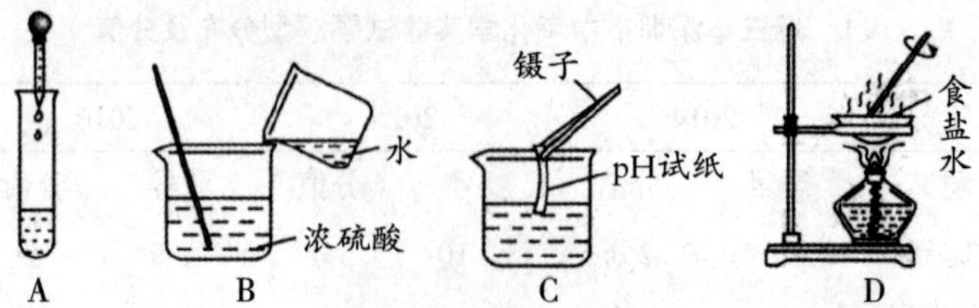

图1　基本实验操作

试题特点：这是试题剖析的第二个大角度，即试题考查的具体特点（主要是指考查能力的特点），具体罗列研究对象相对应的知识点和来源。为了使其更有说服力，一般需要重现试题（见图1）举例具体考点内容。

（2）注重对学生知识迁移与应用能力的考查。

知识的迁移与应用能力通常表现为能够将新的问题情境与已有的知识建立准确而有效的联系，并自如地运用已有知识分析问题、解决问题。中考化学实验试题也注重考查学生在新的问题情境中灵活运用所学化学原理和方法解决实际问题的能力，从而落实对学生思维品质的考查。

试题特点：承接上面内容，指出考查第二种能力特点。

二、教学启示

实验题要求较高，区分度也很好，成为中考的必考题型，这给我们的教学提出了新的要求。为此，我们在教学实践中应从以下几个方面加以改进和完善。

1. 课堂教学，发挥实验的教育功能

化学是一门以实验为基础的学科，化学实验是化学教学的一个重要组成部分。化学实验不仅能激发学生学习化学的兴趣，更能培养他们的探究精神、求知欲望以及唯物主义精神。教师在教学中应高度重视和加强实验教学，充分发挥实验的教育功能。教师可以根据学生的认知发展水平，精心设计实验探究活动，有效组织和实施实验探究教学[2]。

（1）认真开展基础实验。

《义务教育化学课程标准（2011年版）》中规定了学生必须完成的8个基础实验，这8个基础实验是培养学生化学基本实验技能和发展学生科学探究能力的基础，也是中考的重要考点之一。教师要结合具体的教学内容和学校实际情况，积极创造条件，通过多种途径，安排和组织学生完成新课标中规定的8个基础实验。学生在亲身经历完成8个基础实验的过程中，弄清楚每个实验的目的、操作步骤及操作要点，学习基本的实验技能和基本实验方法。培养科学态度，并最终达到课标要求的7项化学实验技能。

（2）巧妙引入趣味实验。

教师在课堂教学中引入一些趣味性实验，能激发学生学习的兴趣，提高课堂的教学效率。例如，在“绪论”部分引入“魔棒点灯”“水火相容”等趣味性实验，在“制取氧气”中引入双氧水和碘化钾让洗洁精变成“泡沫喷泉”实验，在“燃烧与灭火”中引入“烧不坏的手帕”“烧不坏的纸盒”等实验，在“酸碱的性质”中引入“变色纸花”的魔术实验。

教学启示：结合研究对象的特点对教育教学工作者提出实验教学的建议，如从课堂教学上发挥实验的教育功能等。教学启示或建议是基于对试卷的分析，要与分析结果相呼应。当然也可以结合当前教育关注热点，如可通过结合课程标准的具体内容，举出具体课堂实例等方式，给予教学工作者改进实验教学的建议。

通过对近三年深圳市中考化学实验试题的研究与分析，不仅能使教师了解化学实验题的结构与分布，把握实验试题命制特点与趋势、素材选取与立意，而且对于优化中学化学实验教学，提高实验教学和中考复习的实效性具有积极的促进作用。

总结：对全文进行总结，指明对此类试卷分析的意义与重要性。

范例2：

中学化学 教学参考 2017年 第4期 ·复习备考·

化学方程式在中考中的题型应对策略

罗忠益

（广东省丰收糖业发展有限公司中学　广东雷州　524244）

文章编号：1002-2201（2017）02-0038-02　中图分类号：G632.479　文献标识码：C

标题：标题指出试题分析的对象是“化学方程式”，分析的主要方面为“题型”，同时也指明了这篇文章为试题分析类。

化学方程式既是中学化学的重要用语，又是化学计算应用的基础。因此化学方程式的各类知识成为中考考查的重点和热点。在各地的化学中考中，正确书写有关的化学方程式是每年必考的题型之一。在我们九年级化学课本中，所有的化学方程式共几十个，但是在中考题里还有很多迁移应用的方程式的书写。如果在中考前正确指导学生灵活应用，掌握一些特定的方法，也许能够达到事半功倍的效果。下面笔者就目前有关化学方程式在中考中常见的题型及有关的应对策略进行剖析。

引言：引言作为承接题目与正文的部分，起着“先行组织者”的作用。

一般为简要介绍化学方程式的重要性和必要性。重要性即化学方程式在化学教学和考试中的重要角色（如是中考的考查重点和热点，是每年必考的题型之一）。必要性是掌握特定方法能达到事半功倍的效果。最后引出本文的主要内容。

一、基础型

这类方程式以课本为主体，书写课本上已有的化学方程式。这类方程式的书写，只要在平时教学中抓好基础，能正确地书写反应物和生成物的化学式，掌握好书写化学方程式的一般规律就可以了。

例1. 写出实验室用大理石和稀盐酸制取二氧化碳的化学方程式。

$$CaCO_3 + 2HCl = CaCl_2 + CO_2\uparrow + H_2O$$

例2. 写出CO在高温时与赤铁矿反应的方程式。

$$3CO + Fe_2O_3 \xlongequal{\text{高温}} 2Fe + 3CO_2$$

二、语言信息型

这类方程式就是通过语言的描述，把化学方程式中涉及的反应物及生成物和反应条件一一书写出来，这类方程式的书写不难，按照语言描述写出反应物和生成物的化学式，根据质量守恒定律加以配平，并注明有关的化学反应条件即可。

试题分类剖析：试题分类剖析是指对考试研究的对象进行系统性的分类并作分析。通过介绍每一种类别（基础型、语言信息型等）的研究对象相对应的具体内容（重难点、难易程度、书写方法等），从而对研究对象进行详细的剖析和解释，引出相对应的应对策略。每一类的介绍需要先对其特点进行描述，并指出学生可能存在的困难，最后举实例佐证。

策略分析：策略分析是指在试题分类剖析解读之后，会对其困难进行分析并给出相应的建议，如以课本为主的方程式需要抓好基础。

三、图示信息型

这类化学方程式的书写是根据所给的分子原子模型写出化学方程式。书写这类化学方程式的前提是把每个分子或原子模型转化为化学式。对于无机化合物化学式的书写，一般来讲，把正价元素写在前，负价元素写在后，在元素符号右下角把原子个数标出来。如涉及有机物化学式的书写，一般按照碳氢氧氮的顺序把元素符号写出来，个数标在元素符号的右下角，然后根据书写化学方程式的一般规律写出化学方程式。

例5. 氯气（Cl_2）与水发生化学反应，其反应的微观过程可用图1表示，请写出该反应的化学方程式。

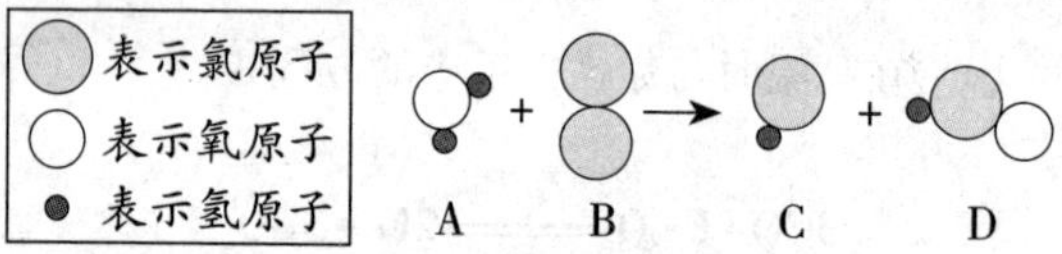

图1　反应的微观过程

试题分类剖析：这是分类剖析的第三类，分析试题时可引入对应的考题，结合分析使其更加清晰明了。考题形式与分类形式应一一对应，如语言信息型考题引用了“尾气净化过程”的语言信息，图示信息型考题引用“氯气与水反应的微观过程”的信息图表。另外，分类既要相互独立又要有联系，一般各类别的撰写顺序由浅及深，如由“基础型”到“语言信息型”，再到“图示信息型”，考题难度逐层提高，策略方法应更为详细。

策略分析：策略分析是指在试题分类剖析解读之后，会相应分析其困难并给出建议。注意建议要切合实际，操作性与指导性强。

总之，我们在平时的化学教学中，多积累点经验，多总结些规律，力求做得精益求精，使学生考得更好。

总结：总结指出本研究的展望，即多总结规律，突出考试研究对象具有一定的规律性。

范例3：

52　化　学　教　学　2007年第1期

英国GCE化学A级考试的简介与评析

邓峰[1]，张宝辉[2]，钱扬义[1]

（1. 华南师范大学化学教学与资源研究所，广东广州　510006；

2. 南洋理工大学国立教育学院，新加坡）

标题：标题指出试题研究的对象是“英国GCE化学A级考试”，指明考试研究对象的研究内容是“试题简介与评析”。总的来说，能看出文章类型为试题研究型。

1　前言

英国GCE（General Certificate of Education）A水平（Advanced Level）考试类似于我国的普通高等学校招生全国统一考试，考生的考试成绩被视为升入大学最重要的指标。A水平的考试说明也是编写高中教材与实施高中教学的重要依据之一。按学科性质分，GCE考试包括语言（Language）、数学（Mathematics）、科学（Science）、商业（Business）、人文科学（Humanities）、神学（Divinity）和艺术与设计（Art & Design）等各类A水平考试等。

GCE化学（物理学、生物学）A水平考试属于GCE科学A水平考试的一部分。它主要分为高级辅助（Advanced Subsidiary, 也称AS，下同）考试与第二（A Second Examination，A2）考试两部分，两部分考试统称为高级（A水平）水平（Advanced Level）。若考生的AS考试合格，又希望获得A水平考试成绩，则可选考A2；若不继续选考A2，则只获得AS成绩[1]。不同大学或就业单位对考生的GCE考试科目有不同的具体要求，考生可结合实际选择考试。

引言：引言作为承接题目与正文的部分，起着“先行组织者”的作用。主要介绍考试研究的对象“英国GCE化学A级考试”的现状，如考试内容、归属范围、考试规则。

> **2　GCE化学A水平考试简介**
>
> GCE化学A水平考试的目的、评价目标与内容、考试方案等主要由英国不同级别的政府授权的考试机构颁布。鉴于国内对GCE化学A水平考试的报道与介绍较少，以下主要结合英国最大的授权考试机构AQA（The Assessment and Qualifications Alliance）2005—2006年颁布的化学A水平考试说明对其做一些介绍。

试题分类剖析：试题分类剖析是指对考试研究对象进行系统性的分类并作分析。这段总起句即指明将分别从考试的“目的”“评价目标”“内容”“方案”等进行分类介绍。

> 2.1　考试的目的
>
> AS及A水平化学考试说明的意图在于鼓励考生：（1）逐步学习和理解基本的化学知识，逐步培养在特定的情境下应用化学知识的能力，发展面对新情境时所必需的技能；（2）加深对理论和实验之间的联系的理解；（3）认识到信息技术与实验仪器应用于化学的优势。

试题分类剖析：此为分类剖析的第一类，即分点罗列考试的目的。

> 2.2　考试的评价目标
>
> GCE化学A水平考试的评价目标（Assessment Objectives，AO）主要分为：①知识的理解（AO1）；②知识的应用、理解力、分析和评价（AO2）；③实验和探究（AO3）；④知识、理解与技能的综合（AO4）。其中AO1、AO2和AO3均适用于AS考试与A 级考试，而AO4仅适用于A2考试。

试题分类剖析：此为分类剖析的第二类，即评价目标，指出考试研究对象的评价目标（共分为四类），并指出各类评价目标的要求、在各类考试中的适用范围。善用表格的形式展示各类评价目标的要求、在各类考试中的比重分布，以增加清晰度和对比程度。

2.3　考试的内容

英国GCE化学考试内容由六大模块组成，前三个AS模块为高一年级的化学内容，后三个A2模块为高二年级的化学内容，二者在总的A水平考试中各占50%。每个模块所涉及的化学内容如表1所示。

表1　GCE化学A水平考试内容

考试	模块	标题	内容
AS考试	AS模块1	原子结构、化学键和周期律	原子结构；物质的量；化学键；周期律
	AS模块2	基础物理化学和无机化学	热力学；动力学；化学平衡；氧化还原反应；卤族元素；金属的冶炼
	AS模块3	有机化学简介与实验	① 有机物的命名与同分异构现象；石油与烷烃；烯烃与环氧乙烷；卤代烃；醇； ② 中心评价的实验工作（Centre-assessed Coursework）或实验考试（Practical Examination）

试题分类剖析：此为分类剖析的第三类，即考试内容，对考试研究对象的考试内容进行分类（共分为两个模块），并对每一模块涉及的考试内容通过表格的形式进行具体的罗列和分析。表格中先通过“标题”的形式指明各模块的大致考试内容，“内容”一列对“标题”一列进行分析和细化。

2.4　考试的方案

GCE化学A水平考试主要包括笔试与实验两部分。所有笔试内容均为必考，而化学实验内容可根据实际需要选考。整个A水平考试分六次进行，每次考一个单元（Unit）。前三个单元的考试内容为前述之AS模块1—3，后三个单元的考试内容为A2模块4—6，其中第六个单元为综合性化学试题，全面考查前五个模块的化学知识内容。

试题分类剖析：此为分类剖析的第四类，即考试方案，对考试研究的对象进行考试方案（各模块内容及其对应的形式、时间、分数比例）分析。可对具有共性部分的内容进行归纳和总结，以避免文字上的累赘。对特殊部分进行单独阐述，如A2模块考试内容的介绍。

3　GCE化学A水平考试评析

与我国化学高考相比，笔者将英国GCE化学A水平考试的特点归纳如下：

（1）考试内容关注情感、态度与价值观。考试内容强调“以人为本”的教育思想。表现为旨在鼓励考生将化学学习与自身专业技能的提高及社会责任感的培养联系起来。

（2）考试的评价目标（AO）具有较强的可操作性。比如针对考生不同的升学或就业意向设置不同层次的评价目标，非常明确与细致，力求对其进行客观有效的评价。与我国化学高考相比，其对学生机械记忆书本的化学知识方面的要求相对不高。

（3）考试内容具有较强的选择性。对不同水平的考试（如AS或A水平考试）要求也有所不同，考生只有在打算参加A水平考试的前提下，才需要附加选考A2模块的内容；另外，与我国化学高考相比，其覆盖面较大，如对于选考A2模块的考生，要求他们必须修读高级无机化学、高级有机化学和高级物理化学等内容（如过渡金属、氧化还原平衡、有机合成与分析等）；而我国化学高考内容主要集中于对基础水平的化学内容的考查上，若涉及大学化学的内容，一般以信息给予题的形式出现，降低化学内容的难度。

策略分析与建议：试题分析的目的是促进我国教学和评价的发展，对考试研究的对象进行考点归纳与总结，并提出相关的应对策略。可结合国内的情况进行对比和借鉴并相应提出建议，增加文章的可读性。

总结：对试题分析结果进行归纳与总结。

二、模板提取

从以上几个例子可以看出，一篇完整的考试研究型论文的基本结构如下：

引言——试题分类剖析——策略分析——建议——总结

各部分的基本内容和作用见下表：

成分	内容与作用
引言	主要内容为选题的重要性、目的及研究方法等
试题分类剖析	对试题进行分类，对试题内容、规律等进行详细的解析
策略分析	结合试题特点提出合理的学习指导
建议	对教学工作者提出教学指导和反思建议
总结	此部分一般在文章的结尾部分，主要内容包括对整篇文章的提炼与归纳

引言部分以简短的篇幅介绍论文的研究对象、选题目的、选题的重要性及其意义，简要地点明本文的理论依据、实验基础和研究方法，简单阐述其研究内容，引出本文的主题给读者以引导。

试题分类剖析为论文第二部分，主要对试题进行考点分类和解析，一般包括考点的主要内容、考点的分布规律和分值比重、考试评价方案等，在进行研究对象的分类时，可适当结合考题例子进行分类。进行研究对象的内容剖析时，可用表格的形式进行内容的罗列和对比，适当引入符号替换重复出现且较长的词语。该部分需展开详细的讨论，最好能给出原材料进行佐证。

策略分析主要是结合试题的特点，提出合理性的学习建议和指导。策略分析要有针对性，一般紧跟分类剖析之后，与类别紧密相连。策略分析的主要内容为辨别学生相应的学习困难，或者教师教学时应注意的问题。有时也可以是整个教育环境存在的问题，如中外试题分析对比时我国的优点与缺点。

建议部分是根据试题的特点规律提出对教学工作者的教学指导和反思建议。建议要结合试题分析结果和策略分析结果，不可泛泛而谈。有时也可用分析结果与实际情况（如地域、水平、政策等）相结合提出针对性建议。

总结则是整篇文章的结尾部分，是对整篇文章主要内容的提炼与归纳，亦可指出展望以及研究的不足。

三、选材建议

考试研究型论文的选材，即考试试题选材一般为中考或者高考等大型考试，近年来也有更多的学者关注国外的考试模式，对国外的重要考试进行分析。其具体的选材角度有两种，第一种为以完整试卷为研究对象，分析试卷的考查角度。常见的角度有考查方式、特点、能力、题型等。这种选材角度适合典型试题的分析，如“对2007年化学全国卷能力考查情况的分析”。另外，由于中外教育的融合，对国外重要考试研究的分析是一个尚待发展且非常受欢迎的领域。对比国内外考试优缺点，提出对我国教学评价的建议一直是一个非常有意义的领域。由于一张试卷包含的信息较多，一般可以选取一个或几个角度进行分析，常见的角度有考查方式、题型、内容分布、能力特点、学科观念等，如“分析2007年化学全国卷中对学科基本观念的考查情况”。第二种选材角度与第一种相反，以考查角度为主，分析试卷对其的考查情况。最常见的分析为对“考查内容”的分析，如“分析近三年化学高考对原电池的考查情况”“近三年化学高考对变化观的考查情况”。这种类型的试题数量较多，但是只是关注需要研究的类型。多为横向或纵向对比，如“横向比较不同类型高考试卷对原电池的考查情况”“纵向比较不同年份对原电池的考查情况”。当然，国内外考试知识点比较也是研究热点，如“比较中美对化学本质的考查”等。另外，选材角度要新颖且有价值，也可紧扣热点。在当前化学新课标的实行之际，“五大核心素养”的提出为此类选材提供了很多角度，如“分析某年高考题中对某种核心素养的考查情况”“分析化学基本观念（结构观、变化观等）在近三年高考的体现”等。另外，对国际考试研究是非常值得关注的领域。国际性的考试研究类型论文需要在引言部分对研究目的展开阐述。同时，展开试题分析时注意结合国内的情况进行对比和借鉴，以增强文章的可读性。在文章中需要对考试的评价目标和考试方案或规则进行必要的阐述，使文章结构更加完整。

四、拓展阅读

阅读下面的文章，对其进行简要批注和说明，并指出属于论文模板的哪一组分。

初中化学探究性试题的命制是以《课程标准》为依据，全面体现知识、能力和价值观三个维度目标。

一、初中化学探究性试题的类型

笔者对近几年初中化学探究性试题进行分析归类，初中化学探究性题目主要有以下几个类型。

1. 考查学生对化学知识的应用和拓展

此类题目一般是对物质组成、性质以及化学原理规律的探究。探究化学物质组成的初中化学试题，是根据对化学物质组成的推断所设计的题型，一般由传统的物质推断、物质鉴别和鉴定等题型改造而来。

例1. 小海探究氢氧化钠固体溶于水时其温度的变化后，由于疏忽，未将盛氢氧化钠固体试剂的瓶塞塞紧，一段时间后，它可能变质了。该反应的化学方程式为________。

小海对该样品进行了系列探究：

[提出问题1] 该样品真的变质了吗?

评析：近几年的化学命题打破了单一、封闭的学科界限，体现了化学知识与物理、数学、生物等学科知识的交融渗透，实现了对学生所学知识的综合考查。本题的设计就是化学知识与物理知识相互渗透的一个很好例子，正因为装置C中气体压强的变化，才有了装置B中奇妙的颜色变幻。

随着新课程改革的不断实施，化学命题的思路会更加灵活，化学实验命题的取材也会更加生活化、趣味化、情境化，我们期待更多构思巧妙、赏心悦目的好题展现给学生，呈现给大家！

二、初中化学探究性试题的命题特点

初中化学探究性试题承担着检测学生化学探究水平、反映化学探究教学的现状和引导化学探究性学习方向的重任，因而把握好初中化学探究性试题的命题方向显得尤为重要。通过比较分析，笔者认为初中化学探究性试题具有以下几个特点。

1. 考查学生对学科知识的理解

学生学习化学知识，必须要对化学有着正确的理解，这样才能主动地学习化学知识，提高学习技能。试题中，适当渗透一些考查学生对化学学科理解的内容，可以引导学生正确地认识化学这门学科，从而对今后的化学学习起到一定的促进作用，这是命题的出发点和落脚点。

五、反思尝试

（1）反思可能的选材，根据本章标题书写形式，将其列举出来。

（2）在上述题目中选取其中一个，构思写作模板，并简要介绍各部分内容。

第四章

文本解读型论文的撰写

文本解读型论文是指对课本、课标等进行解读评价。此类论文在教师专业发展各阶段都具备较强的实用性，如新手教师对课本、课标的学习心得，专家型教师对课本编排的建议等。本章将从四个方面介绍该类论文的一般写作模式：首先通过对经典文本解读型论文的解读，体会此类论文的一般写法。其次根据解读内容，归纳出文本解读型论文的一般模板。再次针对中学化学中常见的写作材料，提出选材建议。最后在文章末尾，提供更多相关案例让读者进行自行赏析。

一、范文导读

本节内容主要介绍了三种不同选材的文本解读型论文，分别为对课程标准变化评析、教材编排与教材功能的探讨。为了方便读者理解，本节按照论文行文顺序将论文进一步解构，进行相应的标注与说明。

范例1：

标题解读：

·教学研究·

评初中化学新版课程标准的变化

高兴邦[1]　周春露[2]

（1. 泰州市教育局教研室　江苏　泰州225300；

2. 姜堰市南苑学校　江苏　姜堰225500）

标题说明解读对象为初中化学新版课程标准，解读内容为课标的变化。变化就存在对比，读完标题可能就想知道究竟文章解读（对比）了什么具体内容，新旧有何变化，对教学有何指导意义。好的标题不仅能让读者把握解读内容的核心，也能激起读者的阅读兴趣。

引言解读：

从2012年9月开始，初中化学开始使用2011年版课程标准（以下简称“新版课标”），大家关心的是课程标准与课程标准（实验稿）（以下简称“实验版课标”）相比有哪些变化呢？这样的变化有何意义？本文就此谈谈学习新版课标的心得体会，与同行们交流。

第一段为文章引言部分，主要指出研究的背景为初中新版课标开始使用时期，新版课标作为教育教学重点关注的文本，由此引出解读的重要性和必要性。在引言中提出相应问题，明确文本解读的意义，也让读者产生类似思考，进而往下研读。教师们在研读后续文本解读型论文时，也需要在引言中指出解读文本的重要性及其相关介绍。

正文解读：

一、变化一：进一步明确初中化学课程性质与理念

比较前后两种版本课标，前言和课程目标中主要有如下变化：

1. 新版课标更加明确了化学概念和学科特征

实验版中化学“是自然科学的重要组成部分，侧重于研究物质的组成、结构与性质的关系，以及物质转化规律和调控手段”。而新版中化学“是在原子、分子水平上研究物质的组成、结构、性质及其应用的一门自然科学，其特征是研究物质和创造物质”。

正文部分主要呼应标题“评初中化学新版课程标准的变化”，将研究中的发现有条理地表达出来，“变化一——课程理念”“变化二——课程编排”“变化三——课程内容”等。在文章中要举出具体的例子证明你的结论，如实验版中对“化学”的具体描述，新版中对“化学”的具体描述。启示后期进行文本解读时，有必要做相关笔记，以便撰写论文时能有理有据地得到结论、提出建议。

三、变化三：增设基础的学生实验内容，进一步强化了实验在课程体系中的作用

化学是一门以实验为基础的自然科学，实验是化学赖以生存并不断发展的基础。新课程标准中强化了实验的作用，如：

项目	实验版课标	新版课标
前言中课程设计思路部分	“活动与探究”是为了突出学生的实践活动，充分发挥学生学习的主体性而设置的。实验是学生学习化学、实现科学探究的重要途径，观察、调查、资料收集、阅读、讨论、辩论等也是积极的学习方式。这些活动本身就是化学课程内容的有机组成部分，也是全面实现化学课程目标的基本保证	科学探究是一种重要而有效的学习方式，在义务教育化学课程的内容标准中单独设立主题，明确地提出发展科学探究能力所包含的内容及要求； 在内容标准的学习主题中设置了“活动与探究建议”，旨在转变学生的学习方式，突出学生的实践活动，使学生积极主动地获取化学知识，培养创新精神和实践能力。实验是学生学习化学、进行科学探究的重要途径，观察、调查、资料收集、阅读、讨论和辩论等都是积极的学习方式。这些活动本身也是化学课程目标和课程内容的有机组成部分

此为分类阐述的剖析（如变化三），必要时使用了表格、图片等形式进行阐述。启示后续进行文本比较时教师们可以用图表，因为图表比文字更能突出重点，但切记不要在表格中使用大量的文字堆积，这样很难达到突出重点的效果。

建议解读：

> 新版课标从2012年秋学期将开始实施，我们将进一步认真学习和研究，全面贯彻落实，在教学实践中为全面提升学生科学素养和人文素养而努力。我们期待新课程实施进入又一个春天。

文末部分提出建议与展望等。此处它呼应了引言部分，在这样一个时代背景下，对课标的解读工作是有必要的，具有教学指导意义，这样的工作值得开展。启示教师们在后续写作时需要回头看，牢记文章引言中提出的问题，最后要回扣并解决或提出解决建议。

范例2：

标题解读：

> 教学资源 ·课程·教材·教法· 教学参考
>
> **对上教版初中化学教材变化的分析与建议**
>
> 缪 徐
>
> （苏州市高新区实验初级中学 江苏苏州 215011）

标题说明解读对象为上教版初中化学教材，解读内容为教材变化，即通过对比新旧版的上教版初中化学教材进而提出建议。此标题道出了研究所做的工作（进行分析与提出建议），也写出了文章的核心内容（教材的变化及其教学建议）。

引言解读：

> 2012年秋，伴随着义务教育化学课程标准的修订，各种版本的教材也做了较大幅度的调整和变化，这是事关初中化学课程改革能否持久深入的大事。和原先的教材相比，新版教材的架构有了哪些变化？这些变化的用意是什么？具体教学内容有了哪些变化？如何应对这些变化？现以上教版初中化学教材为例，对上述问题做一个梳理和探讨。

第一段为文章引言部分，主要指出研究的背景为《义务教育化学课程标准》修订后，教材随之做出了调整与改变。如何变化，哪些内容发生变化，又如何应对变化，使读者带着问题去研读。在此也提出了研读新教材的意义，说明了研读新教材的必要性。

正文解读：

> **一、章节架构的变化及用意分析**
>
> 1. 第一章的架构变化及用意分析
>
> 第一章的标题没有改变。内容架构上出现了一点小变动：第一节中“检验二氧化硫”的实验后移到了第九章第三节“环境污染的防治”。这种微调，有利于凸显第一节第二部分“化学指导人类合理利用资源”这一教学主题，同时也使环境污染的问题得以归类成块，相对集中，避免了教学内容的零散和重复。
>
> 2. 第二章的架构变化及用意分析
>
> 第二章的标题由“我们身边的物质”改为“身边的化学物质”。内容架构也发生了变化：原先的第一节“由多种物质组成的空气”被拆分，其中“空气中氧气含量的测定”以及“纯净物、混合物”等教学内容前移至第一章第二节“化学研究些什么？”中，“空气的污染”后移至第九章第三节“环境污染的防治”中，而空气“捕捉”的实验及稀有气体的用途则被删去。

正文部分呼应引言中所提出的问题，主要是对研究问题进行分点解析（如“一、章节架构的变化及用意分析”），再对各类进行分类解读（如第一章、第二章等）。整个行文采用总分的形式书写，可以是按照文本本身的呈现顺序或结构来分类，也可以重新分类。总分结构的阅读体验更加愉快，读者可很快了解文章的大致内容，符合学术论文的撰写要求，建议后续写作多采用总分结构。

建议解读：

> **二、具体内容的变化及教学建议**
>
> 1. 教学内容的增加及教学建议
>
> 新版教材中对某些教学内容做了必要的增加和充实。例如，在第五章第二节炼铁的模拟实验中加了一个将得到的黑色粉末加入稀盐酸中的实验步骤；后面增加了一个有关实验操作顺序的讨论题。又如，第六章第三节第二部分，正文部分增加了常温下溶解度与溶解性关系的表格；活动探究部分增加了一个讨论题：根据硝酸钾的溶解度曲线能获得哪些信息？能否获得硝酸钾50 ℃和70 ℃时的溶解度？紧随其后又增加了一个“方法提示”栏目——根据数据作图。再如，第七章第三节第一部分增加了讨论题；第二部分增加了碳酸氢钠的性质；第三部分增加了硫酸铵、硝酸铵与氢氧化钠反应的化学方程式等。

此为分类剖析的第二点（具体内容的变化及教学建议），其行文方式与第一点一致，即都是总分的形式。首先提出主要建议，然后找出分析文本中的具体材料、出现的位置等。

分类剖析中分类的方式要按照文本的一定逻辑进行，这里分类的标准是内容和形式。教师们在后续文本解读型论文写作中也可有其他分类标准，但分类视角最好统一，并且类与类之间相互独立。

总体而言，新教材修订中所出现的变化，注意到了与时俱进，注意到了与课标接轨，注意到了学科发展规律、学生认知规律、化学教学规律等诸多因素的综合考虑，有助于教材向着“好学易教”的方向发展。但新版教材中还存在着一些与事实相悖的说法或一些细节上的欠妥。例如，上册第43页“二氧化碳能溶于水，一般不用排水法收集”（事实上二氧化碳可以用排水法收集，且收集的速率较快，得到的二氧化碳较纯）；上册第103页从微观的角度分析化学变化选用的是镁和氧气反应的例子（氧化镁中存在氧离子和镁离子，此处最好选用氢气、氧气化合或水通电分解的例子）；下册第28页一道选择题的B选项中出现了生石灰，而此前学生并不知道生石灰和水反应能够放热。

文末是根据以上解读对整篇文章的总结，如这里的“总体而言”“总而言之”等。同时，在文末部分也可提出建议，建议必须具体可落实，如本文中提出教材上册第43页中二氧化碳的收集方法的选取有待商榷，并提出应该指明不同收集方法的优缺点等。教师们在后续写作中可借用这里的相关学术用语，如“总体而言”“总而言之”等。

范例3：

标题解读：

第26卷第3期　　课程·教材·教法　　Vol. 26, No. 3
2006年3月　　CURRICULUM, TEACHING MATERIAL AND METHOD　　March, 2006

高中化学新教材（必修）图像系统的教学功能初步研究

邓　峰[1]，钱扬义[2]，柴颂刚[3]，谢泽深[4]，阮旭聪[5]
（1. 2. 3. 4. 华南师范大学化学与环境学院，广州　510631；
5. 广东江门市新会一中　529100）

论文标题说明了解读对象为高中化学新教材（必修）图像系统，解读内容为图像系统的教学功能。明确解读的文本是哪一本并限定好解读的具体内容。启示文本解读范文标题的模板“A的a研究”，这里的“A”指所解读的文本名称，“a”指研究的核心内容。

引言解读：

> 化学学科知识主要以物质的组成、结构、性质以及变化规律为基础，其研究内容的有形性、客观性和操作性，决定了图像系统在化学教材中的重要地位。

这里的第一段为文章引言部分，主要指出解读的内容对于教育教学的重要性等。如本文由化学研究内容的有形性、客观性及操作性决定了图像系统在化学教材中的重要地位。这里为文本解读研究提出新思路，进入教材一定由不同栏目构成，那么，不同栏目有什么特点与功能呢？后续研究可往此方向进行。

正文解读：

> **一、国内化学教材图像系统研究的回顾**[1][2][3][4]
>
> 以往国内对化学教材的研究多侧重于文字系统，较少关注图像系统，或只是简单将其看作一种教材的辅助系统而称为“插图”或“附图”。笔者在对国内以往化学教材图像系统及其相关研究的总结中发现，其主要存在以下不足：（1）教材中插图以黑白图或单色图为主，而且图片数量较少；（2）实验图较多为简笔画或绘画，真实图较少；（3）过去研究主要侧重在化学教学中利用图像系统创设情境、习题解答、课后复习或对学生进行辩证唯物主义教育与爱国教育，而对如何运用它们培养学生的化学学习能力，特别是化学探究能力方面的研究甚少。

开篇对已有文献进行回顾，站在巨人的肩膀上看图像系统的功能，使文章更具有理性和说服力。同时也提出已有不足和空缺等说明本研究的必要性。教师们后续的论文撰写中也需要对已有研究进行研读，“他山之石，可以攻玉”，以便在已有研究中获得研究思路（亮点借鉴，空缺弥补）。

表1　化学必修模块教材图像系统组成

组成		人教版		山东版		江苏版	
		化学1	化学2	化学1	化学2	化学1	化学2
图片（含图示与图解）	章节图	5	5	5	4	10	16
	实验图	37	12	46	15	13	9
	实物图	27	14	20	11	13	4
	微观与原理模拟图	3	15	20	25	30	30
	知识点结构图	9	8	19	4	11	1
	肖像图	1	1	8	3	4	2
表格	生活和生产图	14	8	70	50	18	25
	知识点表格	9	15	5	14	10	21
	实验探究表格	16	18	20	10	14	3
	总计	121	96	213	136	123	111

可用表1对剖析的内容进行分类呈现，并对其进行解释。如本文中使用表格分别呈现图像系统的类型以及不同类型的教学功能，同时找出具体实例，方便读者可以回到教材理解。

二、化学模块教材图像系统的内容形态及教学功能

三、化学模块教材图像系统的组织方式及教学功能

同前面两篇范文，正文部分主要是对研究问题进行分类剖析。分类需要按照一定的逻辑（如这里的内容形态、组织方式）。

建议解读：

四、化学教材图像系统在教学中的使用建议

最后，在文末部分再根据本文的解读提出具体建议。其建议也可与解读部分一一对应。同前两篇范文建议启示，所提建议切忌空空而谈，需要深入具体到教学中，具有引导性和可操作性。

二、模板提取

从以上文本解读型论文的范例解读中可获取此类论文的撰写模板如下：

引言——解读——建议

各模块基本内容见下表：

模块	内容
引言	说明文本背景，介绍该文本，并提出解读内容与解读意义
解读	解读与研究问题相关的文本材料
建议	针对教育教学，基于解读提出具体建议

引言也称前言、序言或概述，经常作为论文的开端，提出文中要研究的问题，引导读者阅读和理解全文。文本解读型论文主要介绍文本由来以及论文探讨的问题，在此说明文本背景，介绍该文本，并提出解读内容与解读意义。如范例3，在引言中提出解读内容——图像系统，解读意义——图像系统是学科知识的重要载体，在教材中有其重要地位。

解读部分是文本解读型论文的正文部分，解读思路须有条理，分点论述，必要时可用图表呈现思路和观点。如范例1，在解读部分分点撰写解读内容（课程标准的变化），在进行新旧对比时采用两列表的形式（新/旧），对比内容呈现清晰。

建议部分是从解读部分生长出来的，需要有根有据地提出建议。如范例2，建议从文本解读中提出的问题得出，从教材内容的选择得出等。

三、选材建议

建议教师们可从教学与教育两个层面开展文本解读研究，进行文本解读型论文撰写。

教学层面可选课标、课本、教辅等教师们常用教学文本进行解读，可分别解读，也可横向解读课标、课本与教辅的一致性，抑或纵向解读新旧课标的差异性，从而提出相应的教学建议。具体解读内容可以是课标理念、课标内容以及课标结构，教材内容、教材编排，栏目设计等。

教育层面可选教育专著、重要教育文件中常用案例结合教学进行解读，如国外著名教育专著可讨论其借鉴性与差异性等。

四、拓展阅读

阅读下面的文章，对其进行简要批注和说明，并指出属于论文模板的哪一组分。

·8· 化 学 教 育 2012年第3期

课程与教材研讨

加拿大安大略省9至12年级新科学课程标准解读

郭裕茂[1] 叶 晨[1] 张文华[2]

（1. 浙江杭州第十四中学 310006；2. 华中师范大学化学学院 430079）

解读：

从2009年9月起，加拿大安大略省9至12年级全面实施新科学课程。新课程标准是以1997年加拿大教育部颁布的“K—12年级科学学习成果大纲”（Common Framework of Science Learning Outcomes，K to 12，Pan-Canadian Science Framework）为指导，对1999年和2000年的旧课程标准进行更新和完善，依据安大略省的教育现状和未来科学教育的发展趋势而制定的。新课程强调的是面向每一位学生的21世纪课程，致力于将安大略省的科学教育提升至国际科学教育的前端，支撑起高质量的课程学习，提供每个学生选择适合自己能力和兴趣的课程的机会，有利于学生更好地适应中学教育，提高自身学业和人生的成功期望值。

解读：

五、反思尝试

（1）反思可能的选材，根据本章标题书写形式，将其列举出来。

（2）在上述题目中选取其中一个，构思写作模板，并简要介绍各部分内容。

第五章

理论应用型论文的撰写

理论应用型论文是指对各种教育理论应用的研究成果的总结。此类论文在教师专业发展各阶段都具有较强的取向意义，教师专业发展不仅需要知道各种教育理论，还需要了解如何将其应用于实践。

本章将从四个方面介绍理论应用型论文的一般写作模式：首先通过对多篇理论应用型论文范例进行解读，体会此类论文的一般撰写思路。其次根据范例解读，归纳出理论应用型论文的一般模板。再次针对中学化学中常见理论的应用，提出选材建议。最后在文章末尾，提供更多相关案例让读者进行自行赏析。

一、范文导读

本节内容主要介绍了两种不同化学教育理论与应用型论文，分别为对“先行组织者”与“记忆编码”进行探讨。为了方便读者理解，本节按照论文行文顺序将论文进一步解构，进行相应的标注与说明。

范例1：

标题解读：

第26卷第11期 2006年11月 | 课程·教材·教法 CURRICULUM, TEACHING MATERIAL AND METHOD | Vol. 26, No. 11 November, 2006

从心理学角度探讨高中化学新教材先行组织者的设计与应用

邓 峰[1]，钱扬义[1]，钟伟华[1]，陈 烁[2]，钟映雪[1]

（1. 华南师范大学化学与环境学院，广东广州 510006；

2. 广东汕头华侨中学，广东汕头 515041）

论文标题：论文标题指明理论是心理学领域的“先行组织者”，探讨的理论应用范围是“高中化学新教材”。教师们在撰写此类论文标题时也可考虑在标题中向读者交代研究内容与研究视角，读者不仅可以通过标题了解研究内容，还能知道研究视角。

正文解读（理论剖析、应用例析）：

一、先行组织者（Advance Organizer）概述

（一）国内外先行组织者含义的主要观点综述[1—5]

美国心理学家奥苏贝尔（Ausubel）在其专著与论文中将先行组织者阐述为“在学习的新材料前，给学习者以一种引导性的材料”。他认为先行组织者比新材料更具抽象性、概括性与综合性，并能清晰地反映学习者认知结构中原有的知识原型与新的学习任务之间的联系。

美国认知心理学家理查德·梅耶（Mayer，R. E.）在其著作中将先行组织者定义为“在学习前所呈现的可以使学习者组织及解释新信息的一种讯息”。

美国教育心理学家盖伊·莱弗朗索瓦兹（Lefrancois，G. R.）则认为“先行组织者是在讲课之前给予学生的概念或观念，主要用于提供认知结构，为新的学习提供基础”。

我国一些学者在此基础上也对先行组织者有类似的理解。如将其理解为“在意义接受学习过程中呈现的一种引导性的且通常在教学内容本身之前被介绍的材料”和“一套清晰和有组织的且以学习者已熟悉的知识为基础而设计的产物”。

综上所述，几种表述不一的观点均揭示了先行组织者的本质：（1）它是呈现于新学习材料之前的引导性材料或信息；（2）它必须以学习者的原有认知结构或知识原型为基础，才能有助于学习者学习新知识；（3）它具有比新学习材料更抽象、更概括和更综合的概念。

（二）先行组织者的特征与分类

国内外不少心理学家与学者，如国外的奥苏贝尔、梅耶等和我国的沈生民等，均从不同维度对先行组织者的特征进行探讨，将他们的观点整合后发现，先行组织者主要具有如下八个特征：（1）一组简短的文字或图解的资料；（2）不包括学习材料的内容；（3）包含一个例子，有助于学习者注意它与将学习内容的类属关系；（4）由学习者认知结构中已有的、具有普遍意义的背景观念有关的材料及其相关术语构成。

正文首先对所研究的理论进行解释说明，即理论剖析。对"先行组织者"进行概述，概述从其定义、特征与分类多角度进行。概述是从他人的观点中综合整理得到自己的发现，如"综上所述""观点整合后发现"。理论的剖析应尽可能饱满，一种理论往往具有多种内涵，即在国内外不同的学者眼中，对于同一种理论有其不同的表述或独特的见解，撰写时应分析不同学者之间的异同，并对其进行提炼和总结。

二、先行组织者在国内高中化学教学中的应用研究回顾

国内对先行组织者的研究较多倾向于学习与吸收国外的先进理论，并尝试在各学科的实际教学中应用，如运用先行组织者教学模式指导教学等。然而通过查阅自1979年至今的相关文献发现，先行组织者在高中化学教学中的应用研究并不多，其研究范围主要局限于浅尝性地将先行组织者应用于某些化学概念的教学或化学习题的解答[6—7]，同时也有少数的学者对先行组织者能否促进学习迁移和有助于化学问题解决进行实证研究。[8—9]

笔者在对上述有限的相关研究的回顾与总结的基础上发现，它们虽在不同维度与不同程度地探讨先行组织者在高中化学教学中的应用，但仍存在以下不足：（1）研究范围较为狭窄，如局限于将先行组织者应用于某个具体的化学概念的教学或某道习题的练习与讲解中，较少为不同类型的化学教学提供更全面的思路。

分析国内对于先行组织者理论在高中化学教学中应用的研究现状，对国内现有的该方面的研究进行回顾与总结，阐明现有研究的局限，并以此为基础展开探讨的主题，弥补不足，填补空缺。教师们在后续剖析理论时也可仿写本文中的语句，如“通过查阅××年至今的相关文献发现”“其研究范围主要局限于”“仍存在以下不足”以及“基于此，笔者立足于国内外有关研究，并结合已有的教学经验与体会……”

三、高中化学新教材先行组织者促进化学学习的机制分析

对学习者生理和心理产生影响的事件都会不同程度地影响学习者的学习，其中最主要的影响因素包括学习者已有的认知结构与知识原型（如知识的数量、知识的清晰性、知识的稳定性及知识之间的联系等）、学习兴趣和态度、学习内容的难易、学习指导与学习条件等。国内有学者将先行组织者划分到学习指导的范畴，其促进学习的机制分析见图1。

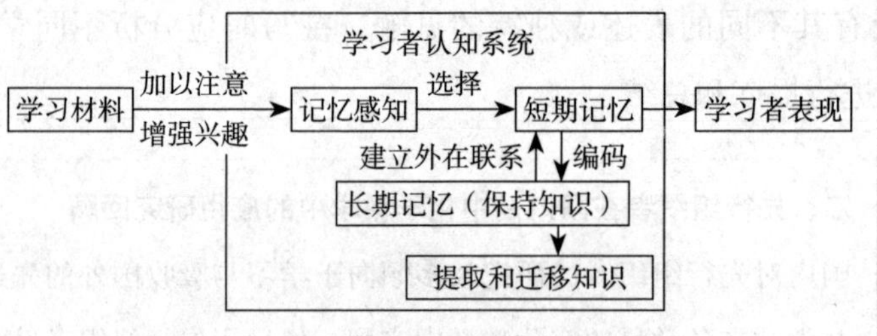

图1　先行组织者促进学习的机制分析

（一）唤起对学习内容的注意

学习者对学习内容的注意，实质上是对外来信息的注意。美国心理学家梅耶认为，到达短期记忆的外来信息的有效分量主要取决于学习者的注意量的大小；同时，这部分外来信息的形式又主要受学习者的注意的选择性的影响。[3] 先行组织者本身具有较好的“依附”或“锚固”（Anchoring Focus）功能，能为学习者提供有效的脚手架（Scaffolding），同时能促进学习和防止错误干扰。[3] 例如《化学2》（人教版，2004年5月第1版）里，在学习“化学键”知识前，先以一小段文字开篇：“从元素周期表我们可以看出，到目前为止，已经发现的元素只有一百多种。”

四、先行组织者在高中化学教学中的应用策略

国内有关先行组织者策略的研究表明，不少中小学各学科的教师都曾尝试性地探索在实际教学中运用适当的先行组织者策略。其中，笔者发现探讨先行组织者策略在高中化学教学中运用的研究并不多或研究的深度与广度不够。目前，先行组织者在高中化学教学中的应用策略主要有：化学模型策略、讲解叙述策略、设疑提问策略、生活体验策略、图形图解策略、媒体播放策略；[17]支架式策略、脚手架策略[18]等，以下主要在此基础上，结合前述的先行组织者的含义与特征及其对学习的影响机制，建议补充另外6种可行的先行组织者策略。

理论应用例析可分为应用现状分析与应用建议讨论。

应用现状分析是根据国内相关研究的局限，有针对性地对每一个局限阐述新的见解或进行补充，并对所发现的局限性给出具体示例。

此处应用建议讨论应该紧密结合高中化学的教学、教材。

五、如何充分发挥先行组织者的功能

国内外就如何使先行组织者更有效这一问题已进行了不少实证研究，其中多数研究表明先行组织者能较好地促进学生的学习；[19—21]少数研究表明先行组织者的教学功用并不显著；[22]同时部分研究表明先行组织者能否充分发挥作用，主要取决于它使用的环境。[3]但这些研究都倾向于从充分重视学习者的已有知识水平与能力结构（如阅读能力与思考能力等）的角度探讨，以下笔者主要从完善教材先行组织者自身的设计与学习内容或材料的组织两个方面，对如何更有效地发挥先行组织者在高中化学教学中的功能进行尝试性探讨。

最后从完善教材与教学内容材料的组织两个方面提出建议，这同样也是论文的核心，不可忽视。提出建议段落采取总分结构，先是“先行组织者”策略，然后再分点论述，给读者以清晰明了的阅读感受。

范例2：

标题解读：

2006年第2期 教 师 论 坛 15

记忆编码在高中化学教学中的应用举例

邓 峰，钱扬义

（华南师范大学化学教学与资源研究所，广州 510631）

论文标题：论文标题指明所应用的理论是“记忆编码”，探讨的理论应用范围是在“高中化学教学”中，得出理论应用型论文标题的模板“A在a中的应用”，“A”指理论，“a”指理论应用的范围。

引言解读：

> 人们对事物、知识的记忆过程，是一个信息在头脑中编码的过程。美国心理学家加涅认为：“从学习的观点看，信息最为关键的变化发生在它离开短时记忆而进入长时记忆的时候，该过程叫作编码。”[1]加拿大认知心理学家戴斯认为：“当我们用已知的信息去解释新的或输入的信息时，编码就发生了。”[2]因此，编码视为“依照学习者原有的知识背景与学习经历，将新信息纳入原有知识体系，并重新进行建构”。

在引言中指出“记忆编码”的含义。可从已有研究中整合得出本研究中对于研究主题的界定，所谓整合必须对多位相关学者的观点进行研读、比较与分析，最后整合观点。

正文解读：

1　已有知识储备与学习经历对记忆编码的影响

不同的学习者由于其心智状态、智力水平和环境背景的不同，其学习经历不同，头脑中的知识储备量也不同，而这些知识有些是较正确的，但有较大部分则主要来自学生的日常生活经验。前者能为学习者在以后的学习与理解时奠定较好的知识基础，有利于学习者更科学地理解深层次的知识。如学习者可以借助对化学平衡状态的特征（“等”“动”“定”“变”）的理解，将新知识“弱电解质的电离平衡”纳入原有的知识体系并进行重新建构；后者由于比较零碎、生活化，在对学生正确理解科学概念与知识方面可能会起到误导或阻碍作用——即学习者可能会根据这些知识对新知识进行有欠科学性的编码，从而导致认知错误。如国外的研究表明，在“对空气模型认识”实验中，学生即使已开始掌握了物质的粒子模型，也仍保留着物质的连续模型（包括云雾模型或蒸汽模型等）[3, 4]。

因此，要求我们在化学教学中应重视学生的已有知识储备及其学习经历，确定应对新知识进行何种编码方式的传授才容易被学生接受，才能有利于学生科学正确地将新信息纳入原有知识体系进行建构。

论文的开始通过说明已有知识储备与学习经历对记忆编码的有利影响和不利影响，强调学生的已有知识储备与学习经历及其正确选择对应的编码方式在化学教学中的重要性，即研究主题——记忆编码的重要性。因此在教师们的后续写作中也需在论文的开始说明研究主题的重要性。

2　化学教学中的记忆编码

2.1　动作编码

动作编码方式非常强调学习者的动手操作，其具有很强的记忆稳定性。因此在讲授有机物的分子结构时，可以让学生自行组装分子模型——比如学生在制作甲烷模型时，可亲身体会到“碳的四价饱和性”及甲烷的正四面体结构；在制作乙烯分子模型时，亦能注意到双键结构及分子的平面结构。

2.2 感觉编码

感觉编码方式注重学习者的亲身经历与感受，且该方式与学习者年龄有一定关系，即一些生动形象的事在年纪较小的学习者的头脑中显得异常清晰。因此，在化学教学中应重视演示实验的作用。如蔗糖与浓硫酸混合实验，引导学生观察生成的“疏松多孔的‘碳棒’”，有利于学生对“浓硫酸的脱水性”“产物中含有气体”等进行感觉记忆编码；另外，在讲述“氧化剂”与“还原剂”和“得失电子”“化合价升降”关系知识时，可通过制作“跷跷板”动画帮助学生克服对这一知识难点的理解。

2.6 抽象编码

该编码方式主要受启发于“归纳与演绎”的逻辑思维。因此，笔者认为可在化学教学过程中适当对知识进行抽象式的归纳，即总结一些规律性的结论，有助于学生运用该结论于其他类似的知识情境中。如通过Fe和Cu分别与浓硫酸受热的反应，抽象出结论“金属+浓硫酸 $\xrightarrow{\triangle}$ 金属最高正价的硫酸盐+$SO_2\uparrow$+H_2O”，让学生能根据此反应规律推导出其他金属（如铝）与浓硫酸反应的产物，从而达到其有效编码。

对化学教学中不同的记忆编码方式进行分类，每一个类别均有恰当具体的化学教学实例支撑。例如，动作编码——在教授有机物的分子结构时，让学生自行组装分子模型，如学生在制作甲烷模型时，可亲身体会到“碳的四价饱和性”及甲烷的正四面体结构。

二、模板提取

一篇完整的理论应用型论文的基本结构如下：

引言——理论剖析——应用例析——建议

每个模块具体内容见下表：

模块	内容
引言	通过介绍理论背景，交代研究的主题、问题及相关研究的重要性
理论剖析	对国内外不同学者关于该理论的论述进行总结提炼，明确该理论的内涵或本质
应用例析	对应用现状进行分析，提出相关教学应用具体建议
建议	总结该理论在此教育教学中的现状并提出建议

引言在此主要是对研究所涉及的理论进行概述，如简要说明理论研究背景、研究意义等，交代研究的主题、问题及相关研究的重要性。

理论剖析主要是对国内外不同学者关于该理论的论述进行总结提炼，明确该理论的内涵或本质。另外，还可对该理论在其应用领域的相关研究进行对比分析，详细阐明现有研究的不足。

应用例析包括应用现状分析（结合理论的具体内容对教材或教学中的例子进行分析）与应用建议（分析理论在具体应用中的价值）。

建议部分可以为一线教师的教学提供建议，比如“先行组织者”在教学中如何应用可以取得优良效果。也可为相关理论研究提供建议，比如“记忆编码”从心理机制是如何进行的，随着年龄、性别等的不同有何变化。

三、选材建议

建议教师们可从学习理论与教学理论两个视角进行理论应用研究，撰写理论应用型论文。

常见的学习理论有“记忆编码学习理论”“有意义学习理论”“探究式学习理论”“深度学习理论”与“艾宾浩斯遗忘曲线”等。比如，教师们可以研究化学有意义学习的目标、化学有意义学习的方法、化学有意义学习的评价以及化学有意义学习的策略。

常见的教学理论有“先行组织者教学理论”“范例教学理论”“布鲁纳教学理论”“掌握教学理论”“非指导性教学理论”与“教学过程最优化理论”等。比如，教师们可以研究什么是范例教学理论、范例教学的合理程序、范例教学的应用范围等。

四、拓展阅读

阅读下面的文章，对其进行简要批注和说明，并指出属于论文模板的哪一组分。

"物质的量"这一教学单元由阿伏伽德罗常数、微粒个数、物质的量、摩尔质量、质量、气体摩尔体积、气体体积、物质的量浓度、溶液体积等物理量密切联系而成。

该教学单元是以"物质的量"为核心，对于高一学生来说是全新的定量分析系统，与初中以"质量"为核心的定量分析系统形成了鲜明对比。

学生学习该教学单元后，常出现以下几个错误的判断："22.4L氧气含有N_A个氧气分子""1mol NaCl含有N_A个离子""标准状况下18g H_2O和22.4L H_2S的体积相同"。

如何排除学生学习"物质的量"这一教学单元认知发展的障碍点，预防学生在学习过程中出现错误判断？为了解决这个问题，有必要分析"物质的量"教学单元在高中化学学习中的位置、功能及价值，从认知角度研究学生学习"物质的量"单元过程中的特点及学生的内部思维过程，揭示学生学习存在困难的心理认知因素，从而进行有效的教学设计。

解读：

1 研究的理论依据

1.1 认知理论

以维果斯基为代表之一的认知理论提出“最近发展区”，指出教学应具有适应最近发展区，走在发展的前面，跨越最近发展区，达到新的发展水平的教育功能。

可见，只有将学生的认知与情感贯穿于全部教育教学过程中，才能转化因误解造成的后进生，实现理解教育的目标。

1.2 建构主义理论

建构主义理论强调教学活动是让学生对知识的主动探索、主动发现和对所学知识意义进行主动建构的活动。

解读：

3 基于认知发展的“物质的量”单元教学策略

尝试以认知发展理论为指导，按照高中学生化学认知发展阶梯，结合高中化学（苏教版）《化学1》中专题1关于“物质的量”单元教学目标与地位，构建以“结构观、微粒观、分类观、价态观、转化观、守恒观”六大化学核心思维为教学切入点，以“物质的量”为核心的相关物理量是物质（微粒）的组成、结构、变化过程的定量表征为学生理解目标，采用“三层次渗透”法进行“物质的量”单元教学，提升学生定量分析能力的教学策略。

3.1 渗透“分类观、微粒观、结构观”，促使学生明晰“物质的量”的相关概念

在阿伏伽德罗常数、摩尔质量、摩尔体积、物质的量浓度四个概念的教学中，紧密结合高中化学（苏教版）《化学1》中专题1第一单元的教学内容———物质的分类，以研究对象的类别、组成、结构为教学的切入点，从物质的组成和特点（将研究对象分为纯净物与混合物——溶液）、物质状态（将研究对象分为气体、液体、固体）两个不同的分类角度，引导学生分析组成物质的微粒种类，建立物质的微观模型，明确不同类别的物质微观结构的特点，明晰“物质的量”的相关概念与公式，理解物质的量、质量、粒子数、体积、物质的量浓度等物理量是物质（微粒）组成、结构的定量表征，建构物质（微粒）间各种物理量的推导关系式的教学策略。

解读：

五、反思尝试

（1）反思可能的选材，根据本章标题书写形式，将其列举出来。

（2）在上述题目中选取其中一个，构思写作模板，并简要介绍各部分内容。

第六章

测查调研型论文的撰写

测查调研型论文是指对教育过程中的各要素如教育者、受教育者、教育内容、教育手段等进行测量、考查、调研的一类论文。此类论文在中学化学教学中尤为常见，且实用性较强。本章将从四个方面介绍该类论文的一般写作模式：首先通过对经典范文的解读，体会此类论文的一般写法。其次根据解读内容，归纳出此类论文的一般模板。再次针对中学化学中常见的一些材料，提出选材建议。最后在文章末尾，提供更多案例让读者进行自行赏析以及练习。

一、范文导读

本节内容主要介绍了三种不同选材的测查调研型论文，分别为对教育手段、教育内容和教育者的探讨。为了方便读者理解，本节按照文章行文顺序将文章进一步解构，进行相应的标注与说明。

范例1：

2008年第6期　　化　学　教　育　　·49·

化学选修班学生对手持技术所持态度与认识的调查研究*

邓　峰[1,2]　钱扬义[1**]　钟映雪[1]　谭显华[3]　刘丽明[3]　罗少娟[3]　江世忠[3]

（1. 华南师范大学化学教学与资源研究所　广东广州　510006；

2. 南洋理工大学国立教育学院　新加坡；3. 广东广州花都中学　510800）

标题：标题需要指出本文研究类型，说明调查的内容以及对象。上述例子直接指出文章的类型为“调查”型，表述为：××对××的调查研究。同时使用介词“与”，表明两个研究内容呈并列关系。

1 研究背景

自我国开始将手持技术仪器（主要包括数据采集器与传感器）引进中学化学教学以来，大多数研究人员与研究领域主要集中在高校[1−5]。但引进手持技术最主要的目的是希望学生能将其作为有力的探究工具与认知工具进行有效学习。然而，学生对手持技术的了解有多少？他们对在化学学习中运用手持技术所持态度与认识如何？基于文献调研工作发现，国内尚未有研究做这方面的探讨，因此我们开展了本次调查研究。

研究背景：研究背景中需要谈及已有研究的研究趋势，说明测查调研的意义、价值以及目的。可从研究的必要性、重要性以及已有研究的空缺三个方面进行阐述。如本文在研究背景中指出国内相关研究的空缺。

2 研究对象

选取广州市花都区新华中学高二年级某化学选修班学生为调查对象，其中男生46人，女生19人。笔者在该班级使用手持技术进行化学选修模块《化学反应原理》（人教版）第三章“水溶液中的离子平衡”内容的教学。

研究对象：研究对象交代研究对象的基本背景，如研究对象的来源、基本概况（总数、分布等）以及与调研内容相关的经验背景，如本文说明研究对象有过基于手持技术“水溶液中的离子平衡”的学习经历。

3 研究数据

研究数据主要包括定量与定性两部分。前者主要通过在运用手持技术教学前后（即前、后测）收集；后者主要在后测时获得。

3.1 定量数据：问卷调查

3.2 定性数据：学生访谈材料

研究数据：研究数据说明研究收集以及分析的数据类型。测查调研型数据主要可分为定量数据与定性数据，如本文采用混合式研究方法，同时收集定性与定量数据进行分析。

4　研究设计与实施

4.1　《学生对手持技术的态度与认识量表》的预测试

为确保其研究的有效性，笔者对高一年级2个班共110名学生进行量表的预测试，发出量表110份，回收有效量表100份，并运用SPSS软件统计分析量表的信度与效度。

4.2　《学生对手持技术的态度与认识量表》的正式施测

对高二某化学选修班65名学生进行量表的正式施测，前、后测各发出量表65份，分别回收有效量表65份与55份。数据统计结果见表1。

表1　量表得分数据统计

题型或量表	*M*		*SD*	
	前测	后测	前测	后测
1. 我对手持技术不熟悉	2.37	3.38	1.13	0.93
2. 手持技术是一项使我茫然或困惑的信息技术	2.49	3.44	1.17	1.00
3. 手持技术能很好地帮助我学习化学	3.71	4.02	0.98	0.76

（注：*M*表示均分，*SD*表示标准差）

4.3　学生访谈内容及分析

经整理，笔者将6名学生的访谈内容（见表2）总结并分析如下。

表2 学生访谈材料文本

访谈问题	学生回答汇总摘要
1. 你认为手持技术对于你思维的培养有无帮助	学优生：可以帮助自己思考得更加细致与深入，如自己的操作对曲线变化的影响；同时能让自己将观点表达得更完整；可以帮我更好地分析实验原理 中等生：实验数据一般很难记得住，但在考试时可以通过对实验曲线的回忆来解题；可以帮助我将理论与采集生成的图像结合起来理解

研究设计与实施：研究设计与实施说明该研究的实施步骤以及相应的数据分析结果。而本文使用了问卷调查，一般需经历预调查优化后，再进行正式调查，在论文写作中尽可能翔实地还原研究过程，包括数据分析过程、数据分析结果等，以便增加文章的可信度，也让读者对研究有更清楚的了解。如文中清楚交代调查设计与实施的过程，首先进行预测试，然后进行正式调查，接着分别列出定量数据分析结果以及定性数据分析结果，同时给出原始数据方便读者进行阅读与分析。

5 研究结论

（1）在将手持技术引入高二化学教学（为时共8周）前后，化学选修班学生对手持技术所持态度与认识存在显著性差异，如学生态度总体上实现了由“好奇”到“熟悉”或“乐用”的转变。

研究结论：研究结论指基于研究结果得出与研究目的相关的研究结论。

范例2：

2006年第4期　　化 学 教 育　　·29·

日常生活概念“平均”对科学概念“8电子稳定结构”学习的影响

——关于高一学生“8电子稳定结构”化学概念相异构想的研究

钱扬义　邓　峰　刘秀苑　钟映雪　罗秀玲

（华南师范大学化学教学与资源研究所　广东广州　510631）

标题：论文题目简要说明调查内容（生活概念对科学概念学习的影响），可通过副标题进一步交代具体研究对象（高一学生）与研究内容（相异构想）。

> **1　研究背景**
>
> 近十几年来，国内外化学教育工作者对学生的化学微观概念进行了比较深入的研究。而这些研究大体上都基于这样一种假设，中学生对化学概念的相异构想是客观存在的；学生的前科学概念在相当程度上影响他们的学习。

> 习惯性地将方程式的配平当作代数习题来做，很少考虑化学反应过程[1]。然而关于化学微观概念应构建何种教学模式这一问题的理论探讨甚少，本文试图结合高一学生对微观世界概念理解的研究测试，提出一套相应的化学微观概念教学模式。

研究背景：研究背景可从研究的必要性、重要性、已有研究的空缺三个方面进行阐述。本文首先交代相关主题的研究概况，据此指出国内研究所存在的空缺，从而提出研究问题。

> **2　研究测试**
>
> **2.1　研究目的**
>
> 研究影响高一学生化学微观世界稳定概念的因素。
>
> **2.2　被试的选取和游戏的设计**
>
> 随机抽取广州市天河区某中学高一年级22个学生，每2人为一组，设计化学小游戏，一位学生扮演钠原子，另一位扮演氯原子，用红色的圆纸片代表“电子”，首先由学生分别取出代表他们各自的最外层电子数的纸片，然后要他们表演各自达到稳定结构时电子重新分配的过程。

2. 3　测试结果

被试学生共有11组，其中最终结果正确的有4组（分别为1、5、8、9），错误的7组，错误率64%。具体结果见表1。

表1　高一学生对钠离子与氯离子稳定结构的认识

组别	分配前最外层（第M层）电子数		电子重新分配后最外层（第M层）电子数		
	Na	Cl	Na^+	Cl^-	备注
1	1	7	0	8	
2	1	1	2	0	
3	1	7	4	4	另外1个电子共用
4	5	2	3	3	

研究测试：研究测试中，交代研究的目的或问题，说明研究对象以及研究过程的设计，即本文中的被试选取和游戏设计，最后呈现测试的相关数据。

3　结果分析与建议

测试结果表明，学生通过初三和高一前期的化学学习，对物质微观世界领域的确有一定程度的了解。如部分学生能较为正确地理解微观世界稳定概念，然而，相当部分学生虽然能在测试过程中提到“8电子稳定结构”“共用电子”等，能从化合价的角度分析最外层电子数。但总体上，他们的这些理解和认识还是比较模糊的，或试图通过使用一些科学术语来掩盖自己的模糊理解；学生头脑中存在的一些相异构想也是出乎笔者意料的。

3.1　学生微观世界稳定概念错误原因分类探讨

表2　学生微观世界稳定概念错误原因及比重

错误原因	组别	占总组数的比重/%
根据相对原子量确定最外层电子数	4	9
认为任何原子的最外层电子数都为8	11	9
根据化合价"正负"确定电子"得失"	2、6、7	27
根据化合价确定最外层电子数	2、6、7	27
认为最外层电子数之和为8可达稳定	4、11	18
认为平均分配电子数可达稳定	3、4、10	27

结果分析与建议：在结果与分析中，首先呈现数据分析后所得的结果（见表2），结合已有文献以及作者的看法探讨导致结果的原因。根据对因果的探讨提出相关建议。而在这一步可采用图（或表格）文结合的呈现方式，先总后分的行文顺序，以便读者更容易理解作者的观点以及保持行文的逻辑性。

4　结语

奥苏贝尔在1968年提出这样一个观点："影响学习的唯一最重要因素就是学生已经知道了什么，要探明这一点，并据此进行教学。"可见，充分了解学生在进行科学学习前头脑中已存在的个人概念及在学习过程中所产生的相异构想，对实现学生概念的转变，使教与学相互促进，具有极其重要的作用。这要求我们化学教师应该花时间与学生交谈，主动了解学生的知识原型和想法，努力为学生营造不怕犯错的氛围，使学生能自由地表达自己对概念的理解，主动地建构新的、科学的理解与认识，消除错误概念，从而实现其概念的转变。

结语：当未得出明确的研究结论，或结论前文中已表述，而同时需要对全文内容有一个概括性总结或进一步说明，尤其是要表达作者的某些主观见解或看法时，用“结语”作层次标题比较适宜。如本文研究结论在结果与分析中有所说明，文末表达了作者的主观见解与看法。

范例3：

·44· 化学教育（http：//www.hxjy.org） 2017年第38卷第5期

教师教育

中学化学骨干教师TPACK知识的实证研究*

邓　峰[1]　陈博股[2]　钱扬义[1**]

（1. 华南师范大学化学与环境学院　广东广州　510006；

2. 广州市第七中学　广东广州　510080）

标题：实证研究可分为测查调研类与干预发展类，如本文为测查调研类研究。标题说明调查对象（中学化学骨干教师）与内容（TPACK）。

1　问题的提出

近几十年来，虽然信息技术与课程整合的理念在国内外均备受重视，然而整体整合效果并非乐观。Chai等国外学者（2013）认为这主要与教师在信息技术整合学科教学方面面临困难，即其“技术—教学—学科知识”（Technological Pedagogical Content Knowledge，TPACK）水平相对较低有关。

受国外研究影响，近年来国内不少研究者开始致力于TPACK相关研究，研究包括对不同学科的职前或在职教师TPACK现状的调查测量[4—11]，然而仅有为数不多的研究涉及化学学科[6—10]。仅有的这几篇研究有如下特点：（1）研究对象为化学职前或在职教师，在职教师包括中学及高校各学科教师，对在职化学教师针对性较弱或关注甚少。

据以上现实参照，为教师TPACK的培养建言献策，但对在职教师的培训建议基本没有学科专属性，较笼统。针对这些问题或空缺，主要致力于使用问卷调查法探讨在职化学教师的TPACK知识结构与水平，同时探讨TPACK与设计思维和能力之间的关系，并测查TPACK在性别上的差异性。

问题的提出：问题的提出同样可从研究的必要性、重要性以及已有研究的空缺三个方面进行阐述。本文从国内外研究背景与研究经验找到研究的重要性以及研究的空缺。最后基于研究背景与研究经验的讨论提出本研究的研究目的、方法与贡献。

2 研究方法

2.1 研究对象

选取了参加2015“国培计划”培训的中学化学骨干教师98名，问卷填写时间为20 min以内，并当场回收，有效样本数为85，有效问卷回收率为87%。其中男教师56人，女教师29人；参与者平均年龄41.5岁（*SD*=5.98），平均教龄19年（*SD*=6.93）；其中有副高职称55人，正高职称1人。

2.2 研究工具

研究沿用许如聪等编制的《中学教师整合信息技术的学科教学法知识量表》为工具[12]，以化学学科为导向对该量表题目进行相关修改，但未调整整体框架；经由2名化学教学论专家鉴别，确立了量表的专家效度。量表工具分成两部分：TPACK工具，用于测查教师的TPACK结构；设计向度工具，用于测查教师的设计思维与设计能力。TPACK工具分为CK、PK、TK、PCK、TPK、TCK、TPACK7个分量表；设计向度工具分为DT、DC2个分量表。量表采用7点计分法，由“非常不同意”到“非常同意”，依次记1—7分。量表具体信息见表1。

表1　量表工具信息

工具	测查因子	定义[13]	题数	样题
TPACK量表	CK	关于（化学）学科内容的知识	4	我对于化学科目拥有足够的专业知识
	PK	关于学生学习、教学论、教学策略、教学评价等知识	4	我能够指导学生在小组活动中有效地讨论问题
	TK	关于信息技术（包括硬件与软件）的知识	5	我具有有效使用计算机等信息技术的能力
	PCK	关于使用相应的教学策略来教授化学学科内容的知识	4	即使不使用信息技术，我也能够促进学生就化学学科知识进行有意义的讨论

2.3　数据分析

由于所选用的问卷工具已经过较严谨的信度与效度的检验[12]，加上样本数并不足以支持探索性与验证性因子分析，因此决定只通过计算各分量表的内部一致性系数（Cronbach α）对问卷进行信度分析。

研究方法：研究方法主要有研究对象的选取、研究工具的确定以及实证材料的处理。研究对象的描述中应说明取样方法及其原因、样本特点，尤其是与本研究主题相关的经历背景。研究工具部分的撰写，首先要有工具的选定过程以及工具的选定原因，并详细地解释说明所使用的工具。实证材料分析的部分（如本文数据分析）必须有信度与效度确定的说明。

3　结果与讨论

3.1　化学骨干教师TPACK的结构与水平

从表2和表3数据可看出，分量表及总量表的内部一致性系数均在0.8以上，这表明量表具有较高的信度。

表2 TPACK量表的信度分析

因子	CK	PK	TK	PCK	TPK	TCK	TPACK	总量表
Cronbach α 系数	0.85	0.85	0.86	0.93	0.89	0.87	0.93	0.95

表3 设计向度量表的信度分析

因子	DT	DC	总量表
Cronbach α 系数	0.94	0.90	0.93

TPACK的7个因子之间均存在显著的正相关。除了TK与TPACK，与T有关的因素（TK、TCK、TPK、TPACK）两两相关系数值均达0.60以上。

TPACK的7个因子上的平均得分对于单一维度知识CK、PK、TK，化学骨干教师的PK得分最高，处于中上水平，即其具有较扎实的一般教学法知识，包括教学理论、教学定位、教学策略、教学评价、学生认知等方面的知识。教师的CK处于中等水平，一般认为系统广博、不断更新的学科基础知识是优秀教师的基本素养之一，但教师可能认为自己具备的仅仅为从事化学学科教学所必需的学科内容知识，包括大学无机化学系统的元素化合物知识、有机化学的有机化合物性质的知识、结构化学的基本知识、化学发展史的知识、化学与其他学科交叉渗透的内容[14]，相比于化学科学家，知识层次不够深入细致，导致自评得分较低。

结果与讨论：结果部分多以图、表、文相结合（“如图所示”“由表可见”等）；讨论部分紧扣调查结果与研究主题；分析原因部分可结合文献，多以研究者视角的语言（如“一般认为”“可能认为”）来进行表述。

4 结论与思考

通过调查2015国培中学化学骨干教师的TPACK知识结构，得到以下结论：（1）TPACK的7个因子中，教师的PK与PCK处于较理想水平，其他因子均处于中等或中下水平；（2）除PCK与DC，TPACK的7个因子与设计思维及设计能力呈显著正相关；（3）除PCK，TPACK的另外6个因子均存在显著性的性别差异。以下主要探讨本研究对我国化学教师教育的两点启示：（1）鉴于化学骨干教师TPACK总体水平较低的现状，未来的师资（包括职前与在职教师）培训内容可更侧重TPACK理论框架的指导作用，以及发展TPACK在化学教学实践中的应用模式。对于化学职前教师而言，建议考虑在师范生培养方案中添设TPACK课程，鼓励他们积极思考信息技术与化学课程教学整合的有效性与深度的问题。譬如引导师范生在化学教学设计中，体现信息技术作为知识建构与合作探究的认知工具这一重要角色，而非仅停留在将信息技术作为知识传递（如电子板书）或播放实验视频等较浅层面。

需要说明的是，本研究可能存在至少3个方面的局限性：（1）抽样方法为方便性取样，即样本未必能"普遍"代表我国中学化学骨干教师的TPACK现状。因此，后续研究可考虑进一步扩展研究对象的范围至国内不同地区及不同教学年级的化学教师。（2）数据来源单一，主要为参与者对问卷量表的作答。为了增强结论的说服力，以及更深入地了解化学教师的TPACK，后期研究可考虑采用数据三角验证的方法，譬如收集化学教师的访谈数据及其课堂行为观察数据等。

结论与思考：在结论与思考中，可以以总分结构的方式呈现。本文先总体说明基于研究结果得到的结论；然后对研究结论逐条探讨其启示，在写启示的时候，可首先得出宏观上的建议，再以一个具体可操作的案例来说明（如本文中的"譬如"）；最后还可以说明研究的局限性，从研究方法、研究对象等方面进行讨论，并为往后的建议提出展望。

二、模板提取

从以上几个例子可以看出，一篇完整的测查调研型论文的基本结构如下：

问题的提出（研究背景）——研究方法——研究结果与讨论——研究结论与建议（结语）

各部分的基本内容和作用见下表：

成分	内容与作用
问题的提出（研究背景）	主要内容为研究的重要性、必要性、现有研究的空缺，选题来源以及意义等
研究方法	阐释研究的设计思路以及具体方法
研究结果与讨论	分析正式研究后所得的研究结果，并结合文献以及作者观点进行讨论
研究结论与建议（结语）	根据研究结果以及研究的建议提出相关建议

问题的提出主要从研究的重要性、必要性以及现有研究存在的空缺三个方面着手进行讨论，在撰写时，可以考虑从选题的理论背景、政策背景以及实践经验等多方面进行阐述。

研究方法主要包括研究目的、研究对象、研究工具以及实证材料的处理等。其中“研究对象”需说明研究对象的背景，“研究工具”需说明工具确定的过程及其优缺点，“实证材料的处理”需说明信度与效度的确立。此外，在“2研究方法”部分国外研究会尽可能地还原当时的研究过程，以便读者学习和借鉴，国内的教育教学论文写作也可借鉴该法。

研究结果与讨论是文章的核心，对结果的呈现可采用图、表、文结合的方式，对导致结果原因的讨论需尽可能以虚心求实的文风，尽量使用如“可能”“也许”等词句进行撰写。

研究结论与建议也是文章的重要部分，其可为对理论发展的建议与对实践应用提出的建议，并由研究的局限性对未来本方向的研究进行展望。

三、选材建议

测查调研是为了了解教学实际存在的问题，揭示其背后的原因，并据此对教学提出建议。目的都是达到更好的教学效果。在选题方面，首先，可源于教学中学生的迷思概念、学生的学习态度、学生的学习水平等。具体而言，可测查调研学生对关键核心概念的认识（一些教学重难点，如“氧化还原反应”的理解），对学科的理解（如“化学元素观”）等。除此之外，对教师的教学能力、学科教学知识等的调查研究也是选题的一大热门。比如，调查教师对模型以及模型教学的认识及其水平、测查教师PCK（学科教学知识）的结构及其水平等。

四、拓展阅读

阅读下面的文章，对其进行简要批注和说明，并指出属于论文模板的哪一组分。

表1 师范生对“化学概念转变教学”含义的认识

类型	含义	出现频次（百分比）	例子
“已有概念”到“新概念”	将学习者原有的相关化学知识与即将要学习的新概念联系在一起，学习新的化学概念是在学习者原有知识的基础上	21（33%）	“把新学习的化学概念与已学过的联系在一起”；“学生以已有的对化学概念的认识来学习新的概念”
“错误概念”到“正确概念”	学习者自己已有的概念是错误的、不科学的，通过教学将学习者的错误理解转变成正确的概念	6（10%）	“将学生错误的概念转变为正确的成熟概念”
“抽象概念”到“具体概念”	将抽象难以理解的概念转变为具体容易理解的概念	15（24%）	“抽象的化学概念转化成容易理解，与实际生活密切相关的概念”
不知道		21（33%）	

注：出现频次为师范生认识观点的次数及百分比，而非实际人数及百分比，下同。

（1）加强化学师范生对重要理科（化学）教学理论的学习。本研究中的部分师范生对“化学概念转变教学”感到陌生的现状表明，他们的知识储备中缺少相关的教育教学理论基础作为支撑。虽然师范生在教师教育课程中对建构主义理论和概念教学理论有一定了解，但其理解水平仍较肤浅，尤其对于如何将这些理论有效整合于化学学科教学中则更具挑战性。因此，建议在学科教学法课程（如“化学教学论”）中应重视引导师范生如何有机地融合教学理论知识与学科内容知识。比如，在“化学教学论”课程教学中，可引入具体的教学模式，如概念转变教学，将课堂内容通过教案、说课或微课等方式，让师范生现学现用，有助于他们将教学理论具体化，以发展出较高水平的化学概念教学PCK。

五、反思尝试

（1）反思可能的选材，根据本章标题书写形式，将其列举出来。

（2）在上述题目中选取其中一个，构思写作模板，并简要介绍各部分内容。

第七章

教育实践型论文的撰写

教育实践型论文是指研究者对自身教育实践的经验进行总结的一类论文，以行动研究的方法以及教学设计的呈现方式为主。由于教学理论需要在教学实践当中运用、总结，这一类文章在中学化学教学中最为常见。本章将从四个方面介绍该类论文的一般写作模式：首先通过对经典范文的解读，体会此类论文的一般写法。其次根据解读内容，归纳出此类论文的一般模板。再次针对中学化学中常见的一些材料，提出选材建议。最后在文章末尾，提供更多案例让读者进行自行赏析。

一、范文导读

本节内容主要介绍几种不同选材的教育实践型论文，并按照文章行文顺序将文章进一步解构，进行相应的标注与说明。初步了解此类型论文的一般特点，为此类论文的写作一般模板提供依据。下面将从三个范例进行解读与赏析。

范例1：

基于化学学科核心素养的中考专题复习教学设计

——以“构成物质的微粒”为例

杨东升

（深圳南山外国语学校文华校区　广东深圳　518057）

标题：标题一般需要开门见山地指出本篇文章的主要内容以及类型。上述例子指出该教育实践是基于“化学学科核心素养”而形成的教学设计；指明教育实践的内容是“构成物质的微粒”。

复习课一直是困扰一线教师的难题，学生一讲都会，但一考就忘。为了探索更高效的复习模式，笔者基于化学学科核心素养对中考专题复习模式展开研究和设计，并以“构成物质的微粒”专题复习为例，展开自己的教学研究[1]。

引言：引言作为承接题目与正文的部分，起着“先行组织者”的作用。简要介绍该教育实践内容的重要性以及为什么要选用该内容。

一、“构成物质的微粒”教学思路

将教学与化学学科核心素养紧密结合，将现代化的VR虚拟技术和iPad同屏技术应用于教学，让学生直观感受微观粒子，发展学生宏观辨识与微观探析的化学学科核心素养；注重学生动手能力，用模型对化学物质及化学反应进行解释，建立学生的化学变化观念，培养学生的证据推理与模型认知的化学学科核心素养；针对化学学科核心素养的达成情况采用导学案及iPad推送的试题进行诊断，并用App“微博士”数据分析班级整体学生对知识及素养的达成情况，及时将存在的问题给予反馈，让“教、学、评”一体化的成果促进每一个学生化学学科核心素养得到不同程度的发展。

思路分析：阐述教学思路，使用不同的教学策略来达成教学目标。将现代信息技术与学生能力的培养结合起来，再分点阐述。采用最合适、最方便的教具来有效达成教学目标。

二、“构成物质的微粒”教学设计

1. 教学设计流程

“构成物质的微粒”教学设计流程如图1所示。

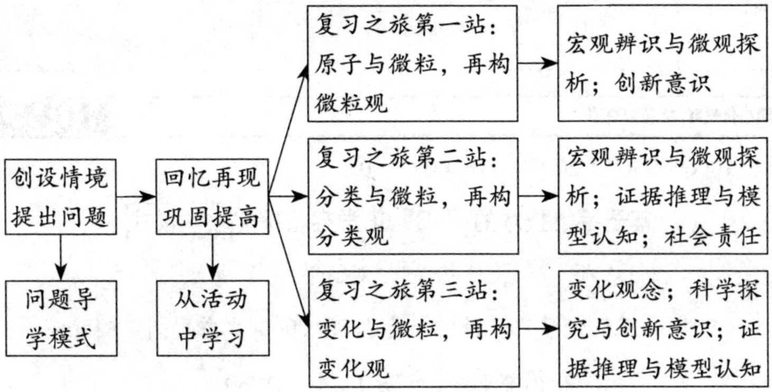

图1 教学设计流程

2. 教学过程

（1）创设情境—设疑导入。

［教师］世间万物都由微粒构成，同学们信不信老师能把原子放在手上呢？

［学生］观看VR虚拟技术展示原子从电脑屏幕中移动出来。

设计意图：VR虚拟技术导入新课，意在激发学生的学习兴趣，带学生走进微观世界。

教学设计流程：每一个教学过程对应培养的学科素养，每一环节可用小标题概括，通常设计3～5个环节即可。每一环节都有相应的设计意图，可从不同方面出发，在这篇论文里则要重点突出学科素养。

三、教学反思

化学学科核心素养的培养渗透在课堂复习教学的各方面，相比于三维目标对于教学结果的达成，其更注重教学过程中对学生能力、思维和素养的提高。在“构成物质的微粒”专题复习教学中，一方面，再次引起学生对复习内容探究学习的乐趣。

总结：对教学过程进行反思以及评价。

范例2：

2007.11 中国电化教育 总第250期 教学研究

文章编号：1006—9860（2007）11—0075—05

基于手持技术的“6S”化学实验探究教学模式*

邓 峰[1]，钱扬义[1]，刘丽明[2]，罗少娟[2]

（1. 华南师范大学化学教学与资源研究所，广东广州 51006；

2. 花都中学，广东广州 51080）

标题：上述例子指出该教育实践是基于“手持技术”而形成的教学模式；指明教育实践的内容是“手持技术的‘6S’化学实验探究”。

一、问题的提出

国内将手持技术仪器（包括采集器、传感器与图像计算器等）引进中学教学始于20世纪末21世纪初，且大多数研究主要集中于数学、物理与化学等学科教学领域。其中化学领域的研究较多侧重于手持技术在化学研究性学习中的应用[1][2][3][4]，而对于将手持技术整合于化学常规教学课堂（尤其在新课程背景下）的实践却相对罕见。另外，国外关于科学教育（含教学模式）的研究较多集中在基于手持技术的教学等领域，但在具体化学学科的应用方面涉及相对甚少。基于此，笔者结合多种心理学理论（如兴趣、元认知、建构主义与理论等）及以往教学研究[5]的一些体会，提出“6S”实验探究模式，并选取化学新课程必修模块中的“弱电解质的电离”作为教学内容，尝试性地在高二化学课堂利用手持技术帮助学生理解冰醋酸溶于水过程的实质。另外，本文也为运用手持技术帮助学生克服相异构想的研究思路提供了一些参考。

问题的提出：简要介绍该种教学模式的发展状况。

二、“6S”模式的构建

1. 模式目标

“6S”模式是一种基于手持技术的化学课堂实验探究模式，它主要以探究的形式促进学习者对化学知识的学习与吸收，旨在借助手持技术作为化学课堂的定量型的实验辅助工具，帮助学习者结合实验数据与图像正确理解化学概念及相关原理，尽可能消除其头脑中原有不当的相异构想，同时提高学习者的科学探究能力。

2. 模式程序与策略

该模式主要包括激趣（Stimulate）、引导（Steer）、猜想（Suppose）、演示（Show）、探索（Seek）、总结（Summarize）六个阶段，故称“6S”模式。整个过程采用班级授课与师生互动的形式。

模式简述：简述包括该种教学模式的作用、程序和策略。对每一程序阶段进行详细表述，包括该阶段的教师行为和学生反应，需要注意细节。

三、“6S”模式的实施

1. 激趣。教师首先向学生呈现“往冰醋酸中不断加入蒸馏水，若以两种物质刚接触时开始计时，则溶液的温度与酸碱性随时间如何变化”这一问题，激发学生的探究兴趣；同时准备好数据采集器、温度传感器、pH传感器及相关仪器与药品。

2. 引导。教师接着引导学生运用已有知识，如“溶解热”“弱电解质”与“电离平衡”等概念以及“思考与交流”部分内容对该问题进行分析；同时提供“$pH=-lgC(H^+)$”公式作为附加信息（注：学生已在数学模块中完成“对数函数”知识的学习）。

3. 猜想。学生开始结合已有的知识或经验对冰醋酸溶于水后可能发生的结果进行猜想，教师然后对所有猜想以板书或口述的形式（视教学时间而定）总结。

模式实施：以某一课时为例，描述该模式实施的每一阶段的师生行为。可以以某个课时为例来表达自己的想法，因为是教学实践，以例子来说话更容易懂。

四、学习者的学习情况分析

1.“激趣”阶段

在教师向实验班学生创设“往冰醋酸中不断加入蒸馏水，若以两种物质刚接触时开始计时，则溶液的温度与酸碱性随时间如何变化”这一问题情境时，大多数学生能抱着“好奇”或“兴奋”的积极心理开始对问题的思考，即学生的探究兴趣或动机得到有效的激发。另外，学生们对手持技术的态度已由原先的“新鲜”或“畏惧”转变为“熟悉”或“接纳”，即他们已逐步习惯并愿意将手持技术作为学习或探究的工具。

2.“引导”阶段

结合对课堂的非结构性观察记录来看，许多学生都能较好地利用教师的“提示”进行有关信息的搜索，如部分学生迅速查阅课本中关于“弱电解质”与“电离平衡”部分内容；少数学生翻阅笔记本中高一化学部分“溶解热”的有关课堂记录；较多学生将附加信息“$pH=-lgC(H^+)$”写在练习本上，试图借助所学的对数知识及函数的增减性规律判断溶液pH值与$C(H^+)$的数学关系；也有个别学生面部呈现“无计可施”的表情。可见，大多数学习者都有意识并善于去运用已有知识或外界提供的信息来解决新问题。

3.“猜想”阶段

学情分析：学情分析以课堂进程为主线，主要从学生知识、能力和情感方面的变化来进行阐述。

五、“6S”模式的特点

1. 互动性

该模式既能较好体现教师的主导性，又能尊重学习者的真正主体地位，有利于营造良好的互动氛围；同时有利于学习者敢于“暴露”其原有可能不太科学的前概念或相异构想，并从教师或同伴那里获取有效的学习信息，实现概念的转变或重新建构。

2. 探究性

该模式从问题情境的创设到最后得出探究结论，基本上按照科学探究的步骤完成教学；同时鼓励学习者大胆提出各种猜想与假设，并用手持技术进行探究以验证之，十分有利于学习者探究动机的增强及探究能力的培养。

3. 数字性

该模式实现定性与定量实验相结合，既强调引导学习者对定性现象的观察与记忆，又注重引导学习者结合手持技术自动采集的实验数据定量化理解相关的化学原理与规律。

特点：总结该教学模式的特点，先总后详，说明该教学模式的有效性和可行性。

六、结语

本文主要通过某个化学主题探讨手持技术在化学课堂教学中应用的可行性。结合上述分析发现，“6S”模式比较适合于“元素及其化合物性质”内容的化学探究式教学。需要强调的是，手持技术在化学课堂上扮演了传统实验仪器的角色，其方便快捷采集数据的功能不仅节省了实验时间（如数据记录时间与实验曲线绘制时间），更重要的是，它有助于学习者在这部分时间内更多地参与思考、分析、讨论与反思等更高级认知水平的学习活动中，促使自身知识原型中的错误概念或相异构想尽可能得以外化及正确转化。

总结： 进行总结并提出该教学模式的使用范围。

范例3：

·24· 化 学 教 育 2009年第11期

基于手持技术环境的化学研究性学习例析*

——影响氯化铁水解条件的探究

邓 峰[1,2] 钱扬义[1] 钟映雪[1] 谭显华[3] 刘丽明[3] 罗少娟[3] 江世忠[3]

（1. 华南师范大学化学教学与资源研究所 广州 510006；

2. 南洋理工大学国立教育学院 新加坡；3. 广东广州花都中学）

标题： 上述例子标题指出教学实践的主题是研究性学习例析。在手持技术环境下，是以“影响氯化铁水解条件的探究”为例。对于不同的学习类型要选对例子进行描述。

1 问题的提出

国内将手持技术仪器（包括采集器、传感器与图形计算器等）引进中学教学始于20世纪末，且大多数研究主要集中于数学、物理与化学等学科教学领域。其中化学领域的研究较多侧重于手持技术在化学研究性学习中的应用[1—3]，而这些研究更多关注对某个化学主题的案例开发，却较少探查学生在基于手持技术的研究性学习中的认知活动[4]，如学生对化学概念及相关原理的理解等。基于此，笔者选取化学新课程必修模块中的“盐类水解的影响因素”作为研究性学习主题，结合建构主义学说探讨手持技术在学生理解“影响$FeCl_3$水解的主要因素”时所起的“支架”作用。

问题的提出： 从国内手持技术在课堂上的发展和应用出发，找到研究的空缺之处。

2　活动主体

选择广州市花都区新华中学高二年级学生为教学对象。教学前学生已学习“化学平衡”“弱电解质”“盐类水解”等概念及“勒夏特列（Le Chatelier）原理”；他们曾运用手持技术探究“酸碱滴定”等课题。教师角色由本文第一作者充任。

活动主体：介绍选择的活动主体的特点以及在研究领域活动主体具有的基础。

3.1　“提出—建构”阶段

考虑到仪器数目及课时数有限，教师在探究的前一天，先根据全班学生的学号将其分为8个小组（每个小组8～9人），然后为学生呈现“促进或抑制$FeCl_3$水解的条件”这一探究主题，并要求8个小组以小组为单位设计与呈现探究思路（包括各种可能的探究假设及预测、需要测定的实验数据等），让各小组组长记录并汇报所需的有关仪器与药品，以备安排。

3.2　“检验—冲突”阶段

教师事先为学生准备好各种易获得的学习或探究资源，如各种可能用到的药品、化学参考书（如《无机化学》）与网络资源等，以备学生随时使用。学生在明确自己的个人分工后开始共同商讨影响$FeCl_3$水解的各种“可能”的条件（如$FeCl_3$溶液的浓度、温度、酸碱性），经小组大多数成员同意后确定最佳方案；然后利用手持技术进行课题探究，同时结合已有的知识经验解释数据的变化趋势及曲线形状，作出初步的探究结论，并将所得结论与原有假设对比，检验二者是否相符。

发展阶段：以“影响氯化铁水解条件的探究”为例进行探究，详细描述每一阶段的过程以及师生行为。

4 学生的学习情况分析

4.1 “提出—建构”阶段

笔者在分析学习者所提出的各种假设后发现，不少学习者是带着不太科学或比较模糊的前概念进行学习的。主要表现在：

（1）持“假设1”观点的学习者虽能根据“反应物浓度改变对平衡移动的影响”规律分析问题，但片面地将“加入蒸馏水”等效为“增大反应物的浓度”来处理，忽略了溶液中的反应物Fe^{3+}与生成物H^+浓度都会随着蒸馏水的加入而降低的实验事实。这些学习者表面上能提出“加入少量蒸馏水能促进水解”的合理假设，但却未能正确理解“反应物浓度的改变”的具体含义。

4.2 “检验—冲突”阶段

分析视频拍摄材料发现，8个小组的学习者基本上都能积极投身于探究活动中：或与组内其他成员共同讨论探究方案（包括传感器的选择、需要采集的数据等）；或认真完成自己的分工；或细心留意实验数据及曲线形状的变化等。可见，学习者大多乐于利用手持技术作为学习工具完成探究任务。

学情分析：在每一阶段，对学生的反应做出判断，同时对比前一阶段，分析学生的知识、能力和情感方面的变化。每一阶段的命名需要符合教学的内容和发展。

5 结语

手持技术在化学研究性学习中不仅有助于学习者更多地参与思考、分析、讨论与反思等更高级认知水平的学习（尤其是合作学习）活动中，同时，它能作为一种较有力的认知工具激发学习者的认知冲突，并帮助学习者不断克服头脑中某些错误概念或相异构想，以不断完善对化学概念的科学建构。然而，手持技术能否在我国化学研究性学习中得以广泛应用，还受到一些主观（如化学师生所持态度、教师的信息素养与能力等）与客观因素（如仪器的可获得性、化学课时数量、高考评价制度等）的制约；另外，国内关于手持技术对化学教学影响的研究仍不多见，因此如何在化学新课程背景下充分发挥手持技术的教学优势是一个值得我们化学教育工作者思考与不断探索的问题。

结语：总结该类型的教学优点，对其继续发展做出预测并提出一些影响因素，给读者提供一些可继续研究的方向。

二、模板提取

从以上几个例子可以看出，一篇完整的教育实践型论文的基本结构如下：

问题的提出——设计思路——教学流程——学情分析——特点总结

各部分的基本内容和作用见下表：

成分	内容与作用
问题的提出	指出选题的重要性、必要性以及已有研究空缺等
设计思路	简要介绍教学设计的总体设计思路
教学流程	阐释教学实践的过程
学情分析	分析学生学习情况
特点总结	总结该教学实践的特点

问题的提出，从国内外的发展来看，发现该领域或该方面所欠缺的一些研究或者数据，从这些欠缺的地方入手，提出自己的观点。

设计思路指出该教育实践主要是为了解决什么问题，即它自己独有的方面，简要介绍教学设计的总体设计思路。

教学流程是阐述该教学实践的主要步骤和阶段，以及在这个过程中的师生行为。

学情分析主要是对学生的反应进行分析，从而判断学生在这些过程中的知识、能力和情感的提升。

特点总结主要是总结这类型的教学实践的特点以及使用范围，也可以为后者提供一些尚未完善的研究方向。

三、选材建议

从以上几个例子可以看出，教育实践型论文主要有教学设计、教学模式和教学实录三种类型，都是以某个典型的例子展开阐述的。

教学设计：主要是针对某一课时，可以选择一些比较重要的章节，可以与现代信息资源整合，打造精品课程。

教学模式：主要是为了解决某一类型的课题，模式需要新颖，选择的主题需要典型。

教学实录：可以是某种教学策略，也可以是针对学生的学习策略。

四、拓展阅读

阅读下面的文章，对其进行简要批注和说明，并指出属于论文模板的哪一组分。

1 问题的提出

《义务教育化学课程标准（2011年版）》指出[1]："义务教育阶段的化学课程以提高学生的科学素养为主旨，帮助学生了解科学探究的基本过程和方法，发展科学探究能力。"而化学实验是进行科学探究的重要方式，对发展学生的科学素养具有不可替代的作用。从我国影响较大的化学教学类全国中文核心期刊《化学教育》来看，有关中学化学实验教学方面的文献有575篇[2]，其中所反映的主题多是为强化教学效果设计一个新实验，或是教材上实验仪器、装置的设计和改进，针对"以实验为基础"的教学设计方面的论文却基本没有。从实际教学上看，出现了实验少做或不做、"重讲授，轻实验"、教师在黑板上"画实验"或荧屏上"亮实验"、学生在教室里"背实验"的现象[3]，使得实验在教学中仍处于次要地位，教学设计没有很好体现"以实验为基础"这一化学教学的基本特征。

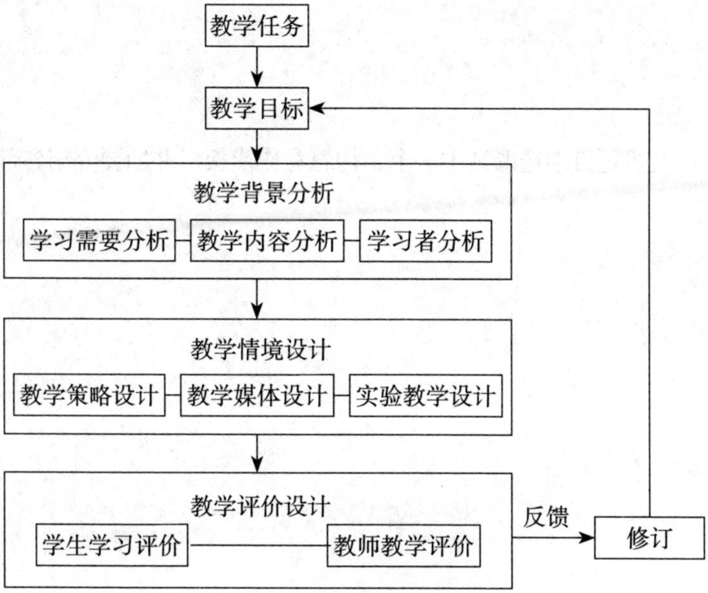

图1　以实验为基础的初中化学教学设计框架

五、反思尝试

（1）反思可能的选材，根据本章标题书写形式，将其列举出来。

（2）在上述题目中选取其中一个，构思写作模板，并简要介绍各部分内容。

参考文献

[1] 朱玉军，孙秀丽，刘知新. 化学教育论文写作中存在的问题及注意事项［J］. 化学教育，2008，29（1）：79–80.

[2] 朱玉军. 谈化学教学设计类论文的写作［J］. 化学教育，2009，30（9）：79–80.

[3] 黄一敏. 如何提高化学教学论文的写作水平［J］. 化学教育，2013，34（1）：56–57.

[4] 侯荣田. 怎样撰写化学教学论文［J］. 化学教学，1997（11）：27–29.

[5] 于亚丽，王世存. “木炭还原氧化铜”实验改进的对比与设计［J］. 化学教育，2017（17）.

[6] 李殿武，尹爱梅. 对《化学》课本中一些插图的商榷［J］. 化学教育，2000，21（2）：36–37.

[7] 罗忠益. 化学方程式在中考中的题型及应对策略［J］. 中学化学教学参考，2017（4）：38–39.

[8] 桂倩. 基于“素养为本”的任务型教学设计——亚硝酸钠和食盐的鉴别［J］. 中学化学教学参考，2018（15）：8–10.

[9] 杨东升. 基于化学学科核心素养的中考专题复习教学设计——以“构成物质的微粒”为例［J］. 中学化学教学参考，2018，476（16）：62–63.

[10] 高兴邦，周春露. 评初中化学新版课程标准的变化［J］. 化学教与学，2012（11）：2–5.

[11] 胡海铭. 铁锈蚀条件的探究实验改进［J］. 化学教育，2017（19）：57.

[12] 李娟，钱扬义，彭豪. 义务教育化学教科书中插图的教学方法研究——以粤教版氯化钠生成示意图为例［J］. 化学教学，2012（11）：7–9.

[13] 陈晓锋. 由近三年深圳市中考实验题反思实验教学 [J]. 中学化学教学参考，2017 (12)：62-64.
[14] 周业虹. 人教版初中化学教科书习题的特点分析 [J]. 化学教育 (中英文)，2016，37 (13)：11-15.
[15] 张军刚. 围绕教育功能进行实验改进和教学——以"燃烧的条件"实验为例 [J]. 化学教育，2017 (3)：70-73.
[16] 刘丹. 由一道中考题——"污水处理"复习酸碱盐的化学性质 [J]. 中学化学教学参考，2015 (20).
[17] 王晓瑜，冉鸣. 氨气喷泉实验的一体化设计 [J]. 化学教育 (中英文)，2018，39 (19)：54-55.
[18] 马逸群，尤雷. 对沪教版初中化学教材中新增实验题的商榷 [J]. 化学教育 (中英文)，2011，32 (5)：66.
[19] 陈艳霞，文丰玉. 基于STSE教育理念的"二氧化硫"教学设计 [J]. 中学化学教学参考，2018，476 (16)：27-28.